부동산인도 및 임대차 소송 실무

부동산인도 및 임대차 소송 실무

발행일	2024년 10월 7일		
지은이	장성민, 신동영		
펴낸이	손형국		
펴낸곳	(주)북랩		
편집인	선일영	편집	김은수, 배진용, 김현아, 김다빈, 김부경
디자인	이현수, 김민하, 임진형, 안유경, 최성경	제작	박기성, 구성우, 이창영, 배상진
마케팅	김회란, 박진관		
출판등록	2004. 12. 1(제2012-000051호)		
주소	서울특별시 금천구 가산디지털 1로 168, 우림라이온스밸리 B동 B111호, B113~115호		
홈페이지	www.book.co.kr		
전화번호	(02)2026-5777	팩스	(02)3159-9637

ISBN   979-11-7224-306-7 13320 (종이책)   979-11-7224-307-4 15320 (전자책)

(주)북랩 성공출판의 파트너

북랩 홈페이지와 패밀리 사이트에서 다양한 출판 솔루션을 만나 보세요!

홈페이지 book.co.kr   ※   **블로그** blog.naver.com/essaybook   ※   **출판문의** text@book.co.kr

작가 연락처 문의 ▸ ask.book.co.kr

작가 연락처는 개인정보이므로 북랩에서 알려드릴 수 없습니다.

임대차 분쟁 해결을 위한 **실전 법률 가이드**

부동산인도 및 임대차 소송 실무

장성민, 신동영 지음

북랩

머리말

    부동산 및 임대차 문제는 우리의 일상과 경제 활동에서 가장 밀접한 영역으로, 그에 대한 법률적 지식을 갖추는 것은 법률 실무자는 물론 일반인에게도 필수적 소양이라 하겠습니다.

    본 서적은 실무에서 발생할 수 있는 다양한 문제를 깊이 있게 다루어 실질적인 도움을 제공하려고 하였으며, 계약 체결, 분쟁 예방 및 해결, 최신 판례 분석 등 실무에서 자주 발생하는 쟁점들을 설명하는 데 중점을 두었습니다.

    본 서적이 실무 현장에서 신뢰할 수 있는 지침서로 활용되기를 기대하며, 독자들이 부동산인도 및 임대차 관련 법률을 보다 쉽게 이해하고, 안전하고 효율적인 법률적 결정을 내리는 데 조금이나마 기여할 수 있기를 바랍니다.

2024년 9월

목차

제3편 주택임대차보호법

제4편 임대차보증금반환 절차

제5편 주요 판례 20선

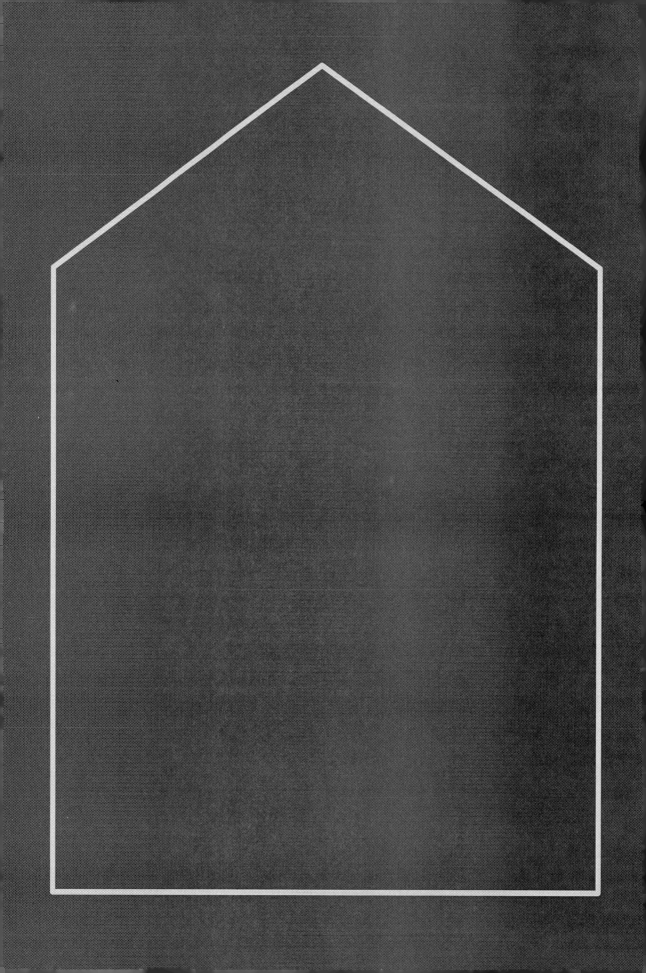

제1편

부동산인도 소송과
집행 실무

부동산인도 소송에서 부동산의 인도를 구하는 원고의 청구권은 크게 물권적 청구권과 채권적 청구권으로 나눠볼 수 있는데, 물권적 청구권의 대표적인 예는 소유권에 기한 반환청구권(예: 무단 점유자에 대한 인도 청구)이고, 채권적 청구권의 대표적인 예는 임대차계약 해지에 따른 반환청구권이다.

　본 편에서는 원고가 어떠한 청구권에 기한 것이든 부동산인도 소송을 제기함에 있어 체크해야 할 실무적인 내용과 더불어 피고의 항변 내용도 살펴보고, 부동산인도 집행을 실시하는 데 있어서 발생되는 여러 가지 문제에 대해 살펴보기로 한다.

제1장

당사자

1. 원고

1) 임대차계약 해지를 원인으로 한 부동산인도 소송에서 소유자 겸 임대인이 1인인 경우에는 당연히 원고가 1명이 되겠으나, 소유자가 다수인 경우에는 그 중 1인을 원고로 삼을 것인지 아니면 소유자 전부를 원고로 삼을 것인지를 선택해야 한다.

2) 금전청구가 포함되지 아니하고 부동산의 인도만을 구하는 경우에는 공유자 지분의 과반을 가진 사람을 원고로 하여 소를 진행하더라도 문제가 없겠으나, 연체차임 및 차임 상당의 부당이득(임대차계약 해지 시점부터 부동산 인도 시까지) 등 금전을 청구하는 경우 소유자는 자신의 지분에 해당하는 만큼의 금전만 청구할 수 있으므로 소유자 전원이 원고가 되는 것이 적절하다.

소유자들이 기발생한 연체차임의 청구권을 원고가 될 1인에게 양도한다 하더라도 원고는 다른 소유자들의 향후 발생되는 차임상당의 부당이득 반환을 청구할 수 없으므로, 소유자 전원이 원고가 되어 소송을 진행하는 것이 바람직하다.

3) 임대차계약의 해지가 아닌 무단 점유자에 대한 인도청구의 경우에는 건물의 일부 지분을 갖고 있는 1인이 공유물의 보존행위로 인도를 청구할 수 있다.

2. 피고: 소송 대상 파악

1) 부동산인도 소송에서 소송의 대상을 잘못 선정한 채로 재판을 진행하여 판결을 받은 후에 집행을 하지 못하는 경우가 적지 않게 발행하는바, 단순히 임대차계약서에 기재된 임차인이나 계약문서 상의 상대방을 피고로 하여 소를 제기해서는 안 되고, 현장 방문이나 전입세대 열람 등 다양한 방법으로 소송의 대상(점유자)을 파악해야 한다.

2) 소송의 대상을 잘못 선정하는 사례를 몇 가지 살펴보면 아래와 같다.
   - 임대차계약을 체결한 사람과 실제 점유하는 사람이 다른데 임대차계약서 상의 임차인만을 상대로 하여 소를 제기하는 경우
   - 개인이 임대차계약을 체결한 후 법인을 설립하여 운영 중인데, 개인만을 피고로 하여 건물인도 소송을 제기하는 경우
   - 임차인이 전대차계약을 체결하여 전차인이 존재하는데 임차인만을 상대로 건물인도 소송을 제기하는 경우
   - 유치권자 등 점유자가 있는데 이를 인도소송 대상에서 누락하는 경우

3) 임대인이 임차목적물의 점유자를 100% 파악하는 것은 불가능하나 주택임대차의 경우에는 가까운 주민센터에서 전입세대확인서를 발급받는 방법이 있고, 상가건물임대차의 경우에는 사업자등록증을 확인하거나 카드 결제 후 매출전표의 사업주 이름을 확인하는 방법도 사용해볼 수 있다.

3. 당사자의 특정

판결문에 기재된 피고(개인)에게 부동산인도 집행을 하기 위해서는 피고의 이름과 주소만 기재되어 있어도 가능하나 그 주소가 주민등록 상 주소가 아닌 경우(예: 사업장 주소 등)에는 판결문에 기재된 금전청구의 집행뿐만 아니라 소송비용확정결정과 집행비용

확정결정 및 이에 따른 채권압류 등의 민사집행을 하기가 곤란하다.

따라서 피고의 주민등록번호나 주민등록 상 주소를 모르는 경우에는 소송 중 과세정보제출명령이나 사실조회신청 등을 통해 판결문에 피고의 주민등록번호나 주민등록 상 주소 둘 중에 하나는 반드시 기재되도록 해야 한다.

피고뿐만 아니라 원고의 당사자 표시가 부정확한 경우에도 민사집행에 의한 배당금 수령 등에 문제가 발생할 수 있으므로, 판결문에 원고의 주민등록번호나 주민등록상 주소 둘 중에 하나는 반드시 기재되도록 한다.

※ 세무서를 통한 임차인의 인적사항 확인

임대차계약서에 임차인의 인적사항 기재가 누락되었거나 잘못 기재된 경우 임대인이 임차인의 인적사항을 파악하기 위해 세무서에 정보 제공을 요청할 수 있는데, 정보 제공과 관련된 법령을 살펴보면 아래와 같다.

- 상가건물의 임대차에 이해관계가 있는 자는 관할 세무서장에게 해당 상가건물의 확정일자 부여일, 차임 및 보증금 등 정보의 제공을 요청할 수 있다. 이 경우 요청을 받은 관할 세무서장은 정당한 사유 없이 이를 거부할 수 없다(상가건물임대차보호법 제4조 제3항).

- 여기서 이해관계가 있는 자는 해당 상가건물 임대차계약의 임대인, 임차인, 소유자 등을 말한다(상가건물임대차보호법 시행령 제3조의2).

- 임대차계약의 당사자는 관할 세무서장에게 다음 각 호의 사항이 기재된 서면의 열람 또는 교부를 요청할 수 있다(상가건물임대차보호법 시행령 제3조의3)
  1. 임대인·임차인의 인적사항(성명과 주민등록번호, 법인의 경우 법인명과 법인등록번호. 다만, 주민등록번호 및 외국인등록번호의 경우에는 앞 6자리에 한정한다)

2. 상가건물의 소재지, 임대차 목적물 및 면적

3. 사업자등록 신청일

4. 보증금·차임 및 임대차기간

5. 확정일자 부여일

6. 임대차계약이 변경되거나 갱신된 경우에는 변경·갱신된 날짜, 새로운 확정일자 부여일, 변경된 보증금·차임 및 임대차기간

위 관련 법령에 따르면 임차인의 인적사항 확인을 요청할 수 있으나, 그 제공범위는 주민등록번호 앞 6자리에 불과하여 당사자를 특정하기에 부족하다. 따라서 소송 중 관할 세무서를 상대로 문서제출명령 등을 신청하여 당사자를 특정하는 것이 실무이다.

제2장

청구취지 작성

1. 부동산인도 청구

🏠 건물인도만 청구하는 경우

> 1. 피고는 원고에게 별지 목록 기재 건물을 인도하라.
>
> 2. 소송비용은 피고의 부담으로 한다.
>
> 3. 제1항은 가집행할 수 있다.

🏠 건물의 일부가 목적물인 경우

> 1. 피고는 원고에게 별지 도면 표시 1, 2, 3, 4, 1의 각 점을 순차로 연결한 선내 ㈎부분 50㎡를 인도하라
>
> 2. 소송비용은 피고의 부담으로 한다.
>
> 3. 제1항은 가집행할 수 있다.

🏠 동시이행

> 1. 피고는 원고로부터 금 1억원을 지급받음과 동시에 원고에게 별지 목록 기재 건물을 인도하라.
>
> 2. 소송비용은 피고의 부담으로 한다.
>
> 3. 제1항은 가집행할 수 있다.

부동산인도 소송에서 동시이행 의무(예를 들어 건물인도 청구의 상대방인 임차인에게 임차

보증금을 반환할 의무 등)는 피고가 주장할 부분이므로, 원고가 이를 기재하지 아니하고 청구취지를 작성해도 무방하나 피고가 동시이행의 항변을 하면 즉시 위와 같이 청구취지를 변경하는 것이 바람직하다. 그렇지 않으면 원고의 일부 패소로 원고가 소송비용의 일부를 부담하는 경우가 발생할 수 있기 때문이다.

  따라서 실무적으로는 피고가 답변서를 제출하면 그 내용 중에 명시적으로 보증금반환 동시이행을 주장하지 않더라도 청구취지를 부동산인도와 보증금반환 동시이행으로 변경하는 것이 안전하다고 볼 수 있다(엄밀히 따지면 피고가 동시이행을 주장하지 아니하였음에도 재판부가 동시이행 판결을 하였다면 이는 잘못되었다고 할 수 있으나, 간혹 그렇게 판결을 하는 사례도 있는 것이 현실이다).

🏠 임차보증금에서 연체 차임이 공제되고 있는 경우

> 1. 피고는 원고로부터 금 10,000,000원에서 2020. 1. 1.부터 별지 목록 기재 건물의 인도 완료일까지 월 1,500,000원의 비율에 의한 돈을 공제한 나머지 돈을 지급받음과 동시에 별지 목록 기재 건물을 원고에게 인도하라.
> 2. 피고는 위 10,000,000원이 위 공제로 인하여 모두 소멸하면 그 소멸한 날의 다음날부터 별지 목록 기재 건물의 인도 완료일까지 원고에게 월 1,500,000원의 비율에 의한 돈을 지급하라.
> 3. 소송비용은 피고의 부담으로 한다.
> 4. 제1항과 제2항은 가집행할 수 있다.

  부동산인도 소송에서 원고와 피고 사이에 임대차계약이 체결되어 있고 차임연체로 인해 소를 제기한 경우, 소송 기간 중 연체된 차임을 계속 공제하다 보면 임대차보증금이 모두 소진될 것으로 예상되므로, 위와 같은 형태로 청구취지를 작성할 수 있다.

2. 철거청구

피고가 설치한 담장이나 기둥 등 토지나 건물에 고정된 구조물을 제거하기 위해서는 청구취지에 반드시 철거 청구를 기재하여야 한다.

판결 주문에 철거 청구가 포함된 경우에는 집행문을 부여하더라도 바로 집행을 할 수 없으며, 판결문에 집행문과 송달증명원을 부여받아 대체집행신청을 하고 대체집행결정문을 받아야 철거 집행을 할 수 있다.

대체집행 결정이 되면 즉시 집행력이 생기므로 이론 상 대체집행결정문에 송달/확정증명원을 첨부할 필요가 없으나, 집행관실에서 철거에 따른 분쟁을 피하기 위해 송달/확정증명원을 요구하는 경우가 많다.

철거 부분을 특정하기 위해 반드시 측량감정을 실시할 필요는 없고, 위치나 면적을 대략 특정할 수 있으면 족하나, 토지 위 비닐하우스가 인접 지번에 걸쳐 있는 경우 등 경계를 명확히 하지 않으면 집행이 어려운 경우에는 소송 중 반드시 한국국토정보공사(구 대한지적공사)를 감정인으로 하여 측량감정을 실시해야 한다.

판결 및 대체집행결정을 받은 후 집행 단계에서도 한국국토정보공사에 경계복원측량을 신청하여 측량기사가 집행 당일 현장에 경계를 표시해야 집행관이 강제집행을 할 수 있다.

🏠 청구취지 기재례

> 1. 피고는 원고에게
>
>   가. 별지 목록 토지 중 별지 도면 표시 1, 2, 3, 4, 1의 각 점을 순차로 연결한 선내 (가)부분
>   창고 137㎡와 별지 도면 표시 5, 6, 7, 8, 5의 각 점을 순차로 연결한 선내 (나)부분 비닐
>   하우스 57㎡를 철거하고,
>
>   나. 별지 목록 기재 토지를 인도하라.
>
> 2. 소송비용은 피고가 부담한다.
>
> 3. 제1항은 가집행할 수 있다.
>
> 라는 판결을 구합니다.

🏠 측량감정신청서 기재례

> 1. 감정의 목적
>
>   원고는 별지 목록 기재 토지의 인도와 별지 도면 표시 (가)내지 (다) 건축물의 철거 및 (라)부
>   분 돌의 제거를 구하였으나, 그 정확한 위치, 면적 등의 측량없이는 집행이 불가능한바 본
>   감정을 신청합니다(감정기관은 한국국토정보공사로 지정하여 주시기 바랍니다).
>
> 2. 감정의 목적물
>
>   '경기도 구리시 사노동 ***번지'와 '동소 000번지' 토지 및 그 지상 건축물
>
> 3. 감정할 사항
>
>   별지 목록 기재 각 토지와 건축물(가, 나, 다) 및 돌이 적치된 (라)부분의 정확한 위치와 면적
>   및 경계(건축물이 감정목적물인 2개 토지와 인접한 다른 토지에 걸쳐 있는 경우 그 경계면 표시 포함)에
>   대한 지적현황측량 및 경계복원측량(현장에 경계선을 측량하여 표지목 등으로 표시)하고 감정도
>   면상에 특정하여 주시기 바랍니다.

■ 공간정보의 구축 및 관리 등에 관한 법률 시행규칙 [별지 제15호서식] <개정 2017. 1. 31.>

지적측량 의뢰서

(앞쪽)

상담번호		상담일		측량 예정일		처리기간	아래참조

의뢰인	성명 법무법인 ** (담당자 : ***)	생년월일(사업자등록번호)
	전화번호 02-595-**** 010-****-****	소유자와의 관계 : 법무대리인
	전자우편 ****@naver.com	
	주소 서울 서초구 서초중앙로 ***	

토지소재		지번	지목	원면적 (㎡)	분할후 예정 면적	축척	측량 종목	필지 수	단가	수수료	용도지역
구·읍·면	동·리										
구리시	사노동	**	전	*							
구리시	사노동	**-**	전	*							
구리시	사노동	**-**	전	*							
계											

측량목적 또는 요망사항 : <u>경계복원측량. 2014. 4. 5. 9시 20분 토지인도 집행 시</u>

위 토지에 관한 의정부지방법원 남양주지원 2022가단**** 토지인도 소송 중 한국국토정보공사에서 이미 측량을 실시하였고, 위 판결에 의한 토지인도 집행 일정이 잡혀서 경계복원측량 요청드립니다.

토지에 경계 표시해주시는 것에 따라 펜스 설치 예정입니다.

신청 방법	영수증 발급 구분	측량성과도 받는 방법	신청대행
[ ]방문 [ ]전화 [ ]팩스 [0]인터넷 [ ]우편 [ ]기타	[ ]현금영수증 [ ]세금계산서	[ ]본인수령 [ ]우송 [ ]전자우편 [ ]기타	[ ]공부정리신청 [ ]등본신청 대장 통

　　「공간정보의 구축 및 관리 등에 관한 법률」 제24조제1항 및 같은 법 시행규칙 제25조제1항에 따라 위와 같이 의뢰합니다.

2024년　월　일

의뢰인　법무법인 **　　　　　　　　　(서명 또는 인)

상담자　　　　　　　　　　　　　　(서명 또는 인)

한국국토정보공사 남양주구리지사　귀중

첨부서류	위임장, 판결문 1부, 감정서 1부	수수료 국토교통부장관의 고시에 따름

처리기간

1. 일반업무
   ○ 측량 5일, 검사 4일(지적측량기준점 설치 시 15점 이하는 4일, 15점을 초과할 때는 4점마다 1일 가산)
2. 계약업무
   ○ 계약에 의한 경우에는 협의 또는 계약에 의한 기간

위 임 장

			생년월일 (사업자등록번호)	1970. **. **
위임자 (토지소유자)	성 명	***		
	주 소	경기도 구리시 동구릉로 **번길	전화번호	
	측량종류	경계복원측량		
	의뢰 토지	1. 구리시 사노동 * 2. 구리시 사노동 ** 3. 구리시 사노동 **		
피위임자	성명	법무법인 ** (담당자: ***)	생년월일 (사업자등록번호)	
	주소	서울 서초구 서초중앙로 **	전화번호	

지적업무처리규정 제16조제1항의 규정에 의하여 위 사람을 대리인으로 정하고 위 지적측량 의뢰, 현장입회 및 지적측량수수료 납입 또는 정산금 수령에 관한 모든 행위를 위임합니다.

2024년   월   일

위 임 자   ***   (서명 또는 인)

한국국토정보공사 귀중

3. 수거 또는 제거

🏠 청구취지 기재례

> 1. 피고는 원고에게 별지 목록 기재 토지 중 별지 도면 표시 1, 2, 3, 4, 1의 각 점을 순차로 연결한 선내 ㈎부분 600㎡의 지상에 식재된 수목을 수거하고, 별지 목록 기재 토지를 인도하라.
> 2. 피고는 원고에게 금 100,000,000원 및 이에 대하여 2016. 6. 30.부터 제1항의 이행 완료일까지 연 5%의 비율에 의한 금원을 지급하라.
> 3. 소송비용은 피고가 부담한다.
> 4. 제1항과 제2항은 가집행할 수 있다.

쉽게 이동할 수 있는 동산 외에 담장이나 기둥, 비닐하우스 등 부동산에 준하는 구조물에 대하여는 부동산인도와 더불어 철거를 청구하지만, 수목에 대하여는 수거를, 폐기물이나 잡석 등에 대하여는 제거를 청구할 수 있다.

단, 폐기물이나 잡석의 제거를 청구하는 경우 가급적 그 범위와 내용을 구체적으로 적어야 하고, 청구취지가 불특정하거나 불명확한 경우에는 각하될 수 있다(대법원 1994. 6. 14. 선고 93다36967 판결 등 참조).

※ 권원 없이 토지임차인의 승낙만 받고 그 지상에 식재한 수목의 소유권귀속

> **판례**
> **대법원 1989. 7. 11. 선고 88다카9067 판결**
>
> 민법 제256조 단서 소정의 "권원"이라 함은 지상권, 전세권, 임차권 등과 같이 타인의 부동산에 자기의 동산을 부속시켜서 그 부동산을 이용할 수 있는 권리를 뜻하므로 그와 같은 권원이 없는 자가 토지소유자의 승낙을 받음이 없이 그 임차인의 승낙만을 받아 그 부동산 위에 나무를 심었다면 특별한 사정이 없는 한 토지소유자에 대하여 그 나무의 소유권을 주장할 수 없다.

4. 무단 점유자에 대한 부당이득반환 청구

부동산의 무단 점유자에 대한 부동산인도 소장 작성 시 원고는 대부분 차임 상당의 부당이득반환을 청구하기 원하지만, 현실적으로 ① 판결을 받은 후 실제로 돈을 받을 가능성이 있는지, ② 차임 상당의 부당이득을 청구하려면 차임에 대한 감정평가를 해야 하므로 소송비용이 증가할 뿐만 아니라 소송 기간도 늘어나는데 이를 감내할 수 있는지 등을 고려하여 청구취지에 포함할지 여부를 결정해야 한다.

한편 무단점유자에 대하여 차임 상당액의 부당이득반환을 청구할 것인지, 아니면 소유자에 대한 위법행위임을 근거로 손해배상을 청구할 것인지는 소유자가 선택할 수 있고 나아가 어느 하나의 청구권원으로 피해의 전부를 회복하지 못하였을 때에는 다른 청구권원을 들어 다시 소를 제기할 수도 있다.

> **판례**
>
> **대법원 2013. 9. 13., 선고, 2013다45457, 판결**
>
> 부당이득반환청구권과 불법행위로 인한 손해배상청구권은 서로 실체법상 별개의 청구권으로 존재하고 그 각 청구권에 기초하여 이행을 구하는 소는 소송법적으로도 소송물을 달리하므로, 채권자로서는 어느 하나의 청구권에 관한 소를 제기하여 승소 확정판결을 받았다고 하더라도 아직 채권의 만족을 얻지 못한 경우에는 다른 나머지 청구권에 관한 이행판결을 얻기 위하여 그에 관한 이행의 소를 제기할 수 있다. 그리고 채권자가 먼저 부당이득반환청구의 소를 제기하였을 경우 특별한 사정이 없는 한 손해 전부에 대하여 승소판결을 얻을 수 있었을 것임에도 우연히 손해배상청구의 소를 먼저 제기하는 바람에 과실상계 또는 공평의 원칙에 기한 책임제한 등의 법리에 따라 그 승소액이 제한되었다고 하여 그로써 제한된 금액에 대한 부당이득반환청구권의 행사가 허용되지 않는 것도 아니다.

제3장

청구원인 작성

1. 기초 사실

원고와 피고의 관계, 소유권에 기한 반환청구권으로 부동산의 인도를 청구하는 경우에는 원고의 소유권 취득 경위를, 임대차계약 해지에 따른 반환청구권으로 부동산의 인도를 청구하는 경우라면 임대차계약 체결 경위와 내용(계약일, 임대차기간, 임대차보증금, 차임 등)을 적는다.

기초사실만 구체적으로 작성하더라도 인도청구권을 발생시키는 요건이 기재되는 효과가 있으므로, 당사자, 일자, 장소, 목적 등을 정확하게 서술하여야 한다.

2. 인도청구의 원인

소유권에 기한 인도청구일 경우에는 피고의 불법점유 등 피고에게 점유 권한이 없다는 사실을, 임대차계약 해지에 기한 경우에는 임대차계약이 해지 또는 종료된 사실 등 인도청구의 원인이 되는 사실을 서술하고 소명자료를 첨부한다. 임대차계약의 해지 사유로는 임차인의 차임 연체, 무단 전대/양도 등이 있다.

대법원 2007. 11. 29. 선고 2005다64255 판결

임차인이 비록 임대인으로부터 별도의 승낙을 얻지 아니하고 제3자에게 임차물을 사용·수익 하도록 한 경우에 있어서도, 임차인의 당해 행위가 임대인에 대한 배신적 행위라고 할 수 없 는 특별한 사정이 인정되는 경우에는, 임대인은 자신의 동의 없이 전대차가 이루어졌다는 것 만을 이유로 임대차계약을 해지할 수 없으며, 전차인은 그 전대차나 그에 따른 사용·수익을 임대인에게 주장할 수 있다 할 것이다.

3. 부대 청구 내용

부동산인도 소송의 주된 청구는 토지 또는 건물의 인도나, 인도일까지의 차임 또 는 차임 상당의 부당이득을 청구할 수 있고, 임차목적물의 원상회복 비용도 청구할 수 있다.

그러나 원상회복 범위에 대한 다툼이 예상되거나 소명이 곤란한 경우에는 신속한 인 도 판결을 받기 위해 인도소송만 진행하고, 원상회복비용 청구 등은 부동산인도 집행 완료 후 별도로 소를 제기하는 것이 효율적일 수 있다.

제4장
소장 접수와 소송 진행

1. 관할

부동산인도 소송은 원칙적으로 부동산의 소재지를 관할하는 법원에 제기해야 하나, 금전청구도 함께 하는 경우에는 금전청구의 관할로도 가능하다.

2. 부동산점유이전금지 가처분

부동산인도 소송과 함께 반드시 동반되어야 할 절차가 부동산점유이전금지 가처분과 그 집행이다. 오랜 기간 건물인도 소송을 진행하여 승소 판결을 받았으나 그 사이 점유가 이전되어 새로운 점유자에게 다시 소송을 해야 하는 경우도 간혹 발생한다.

부동산점유이전금지 가처분 집행은 결정문을 송달받은 날로부터 2주가 지나면 집행을 할 수 없으므로, 채권자는 결정문을 수령하는 즉시 부동산 소재지 관할 집행관실에 강제집행 신청서를 제출해야 한다.

집행 목적물이 폐문된 사업장이나 주택이라 채권자가 평소에 내부를 확인할 수 없었더라도 가처분 집행 시에는 강제로 개문하여 내부를 확인할 수 있으므로, 반드시 현장에 참석하여 철거를 구할 시설물 등이 없는지 확인하는 것이 바람직하다.

3. 원고의 소송 진행

　부동산의 인도를 구하는 원고의 입장이라면 대부분 소송을 빨리 끝내서 인도 집행을 하기 원하지만, 피고가 답변서를 제출하고 다투게 되면 조정절차에 회부되는 경우가 많다.

　원고는 소송 진행을 신속하게 하기 위하여 피고에게 소장 부본이 송달된 후 30일이 지나도록 피고가 답변서를 제출하지 아니할 경우 즉시 무변론 선고기일 지정 신청서를 제출한다.

　그리고 피고가 답변서를 제출할 경우에는 즉시 대응하는 준비서면을 제출하면서 조정의사가 없을 경우 이를 준비서면에 기재하여 조정절차 회부로 인해 시간을 허비하지 않도록 한다.

제5장

피고의 대응

부동산인도 소송에서 피고가 대응할 내용에는 ① 동시이행의 항변, ② 임차목적물의 하자, ③ 필요비, 유익비 청구 ④ 부속물매수청구권, ⑤ 조정신청 등이 있다.

1. 동시이행 항변

동시이행 항변의 대표적인 것으로는 임대인의 임차목적물 반환 청구에 대하여 임차보증금의 반환을 주장하는 것이며, 뒤에서 다룰 필요비나 유익비 상환 청구와 건물인도의 동시이행을 주장할 수도 있다.

2. 임차목적물의 하자

건물의 누수, 화재 등으로 임차목적물의 전부 또는 일부를 사용할 수 없는 상태가 되었고 이로 인해 임차인이 차임의 전부 또는 일부를 지급하지 아니하였는데, 원고가 그 차임 연체를 이유로 임대차계약의 해지 및 건물인도를 청구하는 경우, 임차인은 차임 미지급에 정당한 사유가 있음을 주장하여 원고의 청구를 기각시킬 수 있다.

대법원 2009. 9. 24., 선고, 2009다41069, 판결

임대차계약에 있어서 목적물을 사용·수익하게 할 임대인의 의무와 임차인의 차임지급의무는 상호 대응관계에 있으므로 임대인이 목적물을 사용·수익하게 할 의무를 불이행하여 임차인이 목적물을 전혀 사용할 수 없을 경우에는 임차인은 차임 전부의 지급을 거절할 수 있다.

3. 필요비, 유익비

임차인이 임대물에 관해서 보존에 필요한 필요비를 지출한 때에는 임대인에 대하여 즉시 그 상환을 청구할 수 있다(민법 제626조 제1항). 필요비란 부동산을 유지·보수하는데 지출된 비용으로, 전기나 수도 시설의 고장으로 이를 보수한 비용 등이 이에 해당한다.

반면 유익비는 꼭 필요한 비용은 아니지만 가치를 증가시키는데 지출된 비용으로, 임차인이 유익비를 지출한 경우에는 임대인은 임대차종료 시에 그 가액의 증가가 현존한 때에 한하여 임차인의 지출한 금액이나 그 증가액을 상환하여야 한다(민법 제626조 제2항).

따라서 부동산인도 소송의 피고(임차인)가 임차목적물에 대한 필요비와 유익비를 지출한 경우 이를 원고(임대인)에게 청구할 수 있으나, 임대차계약 체결 시 임차목적물을 원상회복하여 반환하기로 약정하였다면 필요비와 유익비를 청구할 수 없다.

4. 부속물매수청구권

건물 기타 공작물의 임차인이 그 사용의 편익을 위하여 임대인의 동의를 얻어 이에 부속한 물건이 있는 때에는 임대차의 종료시에 임대인에 대하여 그 부속물의 매수를 청구할 수 있다(민법 제646조). 위 동의는 묵시적 동의라도 무방하다.

예를 들어 임차인이 임대인의 동의를 얻어 임차건물에 주방시설을 설치했다면 임대인의 건물인도 청구 시 위 부속물(주방시설)의 매수대금을 지급하라는 동시이행 항변권을 행사할 수 있으나, 임차인의 특수한 목적에 사용되는 시설물은 부속물매수청구권의 대상물이 될 수 없다.

이러한 부속물매수청구권은 임차인과 전차인 사이에도 적용되며, 이는 강행규정이므로 이에 위반하는 약정으로 임차인이나 전차인에게 불리한 것을 그 효력이 없다(민법 제652조).

그러나 아래 판례와 같이 부속물매수청구권을 배제하는 약정이 임차인에게 불리하다고 보지 않을 사정이 있다면 강행규정 위반으로 볼 수 없다.

판례

대법원 1982. 1. 19., 선고, 81다1001, 판결

건물 임차인인 피고들이 증·개축한 시설물과 부대시설을 포기하고 임대차 종료 시의 현상대로 임대인의 소유에 귀속하기로 하는 대가로 임대차계약의 보증금 및 월차임을 파격적으로 저렴하게 하고, 그 임대기간도 장기간으로 약정하고, 임대인은 임대차계약의 종료 즉시 임대건물을 철거하고 그 부지에 건물을 신축하려고 하고 있으며 임대차계약 당시부터 임차인도 그와 같은 사정을 알고 있었다면 임대차계약 시 임차인의 부속시설의 소유권이 임대인에게 귀속하기로 한 특약은 단지 부속물매수청구권을 배제하기로 하거나 또는 부속물을 대가없이 임대인의 소유에 속하게 하는 약정들과는 달라서 임차인에게 불리한 약정이라고 할 수 없다.

5. 조정신청

피고가 항변할 만한 사유가 전혀 없다면 조정이나 화해권고결정을 통해 인도의 시기를 유예하거나 소정의 이사비용 정도를 협의하는 것을 시도해볼 수 있다. 설령 조정절차에서 특별히 유리한 조정조항을 얻어내지 못하더라도 조정이나 화해권고결정으로 종결되는 경우에는 대부분 소송비용을 각자 부담하므로, 피고 입장에서는 소송비용 부담을 덜 수 있다.

제6장
부동산점유이전금지가처분
---

1. 피보전권리

부동산인도 소송 중 변론종결 전에 목적물의 점유가 새로운 점유자에게 이전되면 이전 점유자를 상대로 한 소송은 패소할 수밖에 없고, 원고가 소송 중 점유이전 사실을 인지하지 못하고 피고도 점유이전 사실을 밝히지 않아 전 점유자를 상대로 한 소송에서 승소 판결이 선고되더라도 그 판결로 새로운 점유자에게 인도집행을 할 수 없다.

부동산점유이전금지가처분은 가처분 집행 당시 목적물의 현상을 그대로 유지함을 목적으로 하며, 부동산점유이전금지가처분 결정을 받아 그 집행을 완료하면 그 이후에 점유를 이전받은 사람이 가처분 채권자에게 대항할 수 없으므로, 가처분 채권자는 채무자를 상대로 받은 부동산인도 판결문에 승계집행문을 부여받아 새로운 점유자에게 집행을 할 수 있다.

피보전권리가 되는 인도청구권은 물권(예: 소유권에 기한 반환청구권)이든 채권(예: 임대차 계약 해지에 따른 원상회복청구권)이든 다 가능하다.

2. 보전의 필요성

가처분 채권자가 미리 가처분을 해두지 않으면 가처분 채무자가 타인에게 점유를 이전할 수 있고, 그러한 경우 가처분 채권자가 가처분 채무자를 상대로 한 본안소송에서 승소한다 하더라도 집행을 할 수 없으므로, 특별한 사정이 없는 한 법원은 점유이전금지가처분을 인용해주고 있으며, 담보제공명령은 통상 보증보험증권을 제출하는 형태로 나온다.

3. 신청서 작성

부동산점유이전금지가처분 신청 시에는 목적물을 특정해야 하는데 토지나 건물의 전체 또는 건물의 어느 층 전체가 목적물인 경우에는 도면이 필요 없으나, 부동산의 일부가 목적물인 때에는 도면 등으로 목적물을 특정해야 하며, 부동산점유이전금지가처분은 집행 시에는 등기를 요하지 않으므로 미등기부동산도 그 목적물이 될 수 있다.

신청취지는 보통 전자소송에 입력된 정형화된 문구를 사용하나, 토지나 건물의 일부를 목적으로 하는 경우에는 그에 맞게 변형하여 사용해야 하고, 상황에 따라 "채무자는 별지 목록 기재 토지 위에 건물 또는 공작물을 건축하여서는 아니 된다." 등 적절한 문구를 추가할 수 있다.

4. 가처분집행

가처분 채권자가 가처분결정문 정본을 수령하면 강제집행신청서를 작성하여 부동산 소재지 관할 법원 집행관실에 제출한다.

채무자에 대한 점유이전금지가처분 결정문의 송달은 가처분 집행 시에 이뤄지므로, 가처분결정문은 채권자용과 채무자용을 모두 제출해야 하는바, 채권자가 1명이고 채무자가 2명인 경우라면 총 3부의 가처분결정문 정본을 첨부하여 제출해야 한다.

강제집행신청서는 우편으로 제출해도 무방하며, 우편으로 제출할 경우 법원에서 접수증과 집행비용 납부서를 팩스로 보내준다.

가압류에 대한 재판의 집행은 채권자에게 재판을 고지한 날부터 2주를 넘긴 때에는 하지 못하고(민사집행법 제292조 제2항), 가처분절차에는 가압류절차에 관한 규정을 준용하므로(민사집행법 제301조), 채권자에게 가처분결정문이 송달된 날로부터 2주가 지나면 집행을 할 수 없는바, 가처분 결정문을 수령하는 즉시 집행관실에 강제집행신청서를 접수해야 2주안에 집행 날짜를 잡을 수 있다.

가처분 집행 시 점유자가 없거나 문을 열어주지 않을 경우 강제로 개문해야 하므로 열쇠공과 입회인 2명을 동반하고, 점유자의 확인을 위해 임대차계약서 등을 준비한다.

가처분 집행 시 가처분 채무자가 있으면 가처분 결정문을 전달하고, 목적물의 적당한 곳에 고시문을 부착한다. 고시문 부착이 가처분 집행의 효력발생이나 대항 요건은 아니나, 제3자의 집행 상태 침해를 방지하고 제3자에게 본안 판결의 집행으로 불이익을 입을 수도 있다는 취지를 알리는 효과가 있다.

5. 본안판결 후 승계

점유이전금지가처분 집행 후 본안 소송이 진행되는 동안에 목적물의 점유가 제3자에게 이전되더라도 가처분 채무자는 가처분 채권자에 대하여 여전히 점유자의 지위에 있으므로, 가처분 채권자는 가처분 채무자를 피고로 한 본안소송을 그대로 진행하면 된다.

또한 가처분 채권자가 점유이전금지가처분 집행 후 가처분 채무자로부터 점유를 이전받은 제3자에 대한 인도집행을 하기 위해서 본안 판결문에 승계집행문을 부여받아 그 제3자에게 집행을 할 수 있다(대법원 1999. 3. 23. 선고 98다59118 판결).

만약 가처분 집행 후에 가처분 채무자가 다른 사람과 공동 점유자가 되었다면 가처분 채권자는 기존 점유자와 새로운 점유자 모두를 상대로 부동산인도 집행을 해야 하므로, 새로운 점유자를 상대로 본안 판결문의 승계집행문을 부여받음과 동시에 기존 점유자에게는 집행문 재도부여를 받아 두 개의 집행문으로 부동산인도 집행을 신청해야 한다.

※ 가처분집행 신청서

강 제 집 행 신 청 서

서울동부지방법원 집행관사무소   집행관   귀하

<table>
<tr><td rowspan="3">채권자</td><td rowspan="2">성 명</td><td>주식회사
**</td><td>주민등록번호
(사업자등록번호)</td><td colspan="2">120-81-*****</td><td>전화번호</td><td></td></tr>
<tr><td colspan="4"></td><td>우편번호</td><td>□□□- □□□</td></tr>
<tr><td>주 소</td><td colspan="6">서울 강남구 영동대로85길 **</td></tr>
<tr><td></td><td rowspan="2">대리인</td><td colspan="4">법무법인 **
담당변호사 ***(주민등록번호)
(담당자 사무원 ***)</td><td>전화번호</td><td>02-595-****
010-****-****
팩스 : 02-***-****</td></tr>
<tr><td rowspan="3">채무자</td><td rowspan="2">성 명</td><td colspan="3" rowspan="2">홍길동</td><td>전화번호</td><td></td></tr>
<tr><td>우편번호</td><td>□□□- □□□</td></tr>
<tr><td>주 소</td><td colspan="4">서울 성동구 뚝섬로13길 **</td><td></td><td></td></tr>
</table>

<table>
<tr><td>집행목적물 소재지</td><td>서울 성동구 옥수동 ***</td></tr>
<tr><td>집 행 권 원</td><td>서울동부지방법원 2024카단**** 부동산점유이전금지가처분</td></tr>
<tr><td>집행의 목적물 및
집 행 방 법</td><td>동산압류, 동산가압류, 동산가처분, 부동산점유이전금지가처분,
부동산인도, 자동차인도, 기타(   )</td></tr>
<tr><td>청 구 금 액</td><td>금   원(내역은 뒷면과 같음)</td></tr>
</table>

위 집행권원에 기한 집행을 하여 주시기 바랍니다.
※ 첨부서류
1. 집행권원   2통   2024년   월   일
2. 송달증명서   통   채권자의 대리인 법무법인 **
3. 위임장   1통   담당변호사 ***

※특약사항
1. 본인이 수령할 예납금잔액을 본인의 비용부담하에
   오른쪽에 표시한 예금계좌에 입금하여 주실 것을
   신청합니다.
                채권자 주식회사 **
                대표이사 *** (인)

<table>
<tr><td rowspan="3">예금계좌</td><td>개설은행</td><td>신한</td></tr>
<tr><td>예 금 주</td><td>법무법인 **</td></tr>
<tr><td>계좌번호</td><td>***-**-******</td></tr>
</table>

2. 집행관이 계산한 수수료 기타 비용의 예납통지 또는 강제집행 속행의사 유무 확인 촉구를 2회 이상 받고도 채권자가 상당한 기간내에 그 예납 또는 속행의 의사표시를 하지 아니한 때에는 본건 강제집행 위임을 취하한 것으로 보고 종결처분하여도 이의 없습니다.
                채권자 주식회사 **
                대표이사 *** (인)

부동산인도 및 임대차 소송 실무

제7장

부동산인도 집행 실무

1. 기본 절차

채권자가 부동산인도 판결문에 집행문과 송달증명원을 부여받아 부동산인도 집행 신청을 하면 집행관은 우선 채무자에게 집행예고를 실시하면서 1주에서 2주 정도의 기한을 주고 자진하여 인도할 것을 권고한다. 이후 채무자가 자진명도 기한 내에 부동산을 채권자에게 인도하지 않으면 채권자가 집행관에게 강제집행을 실시할 것을 신청(구두로 하면 족하다)하고, 집행관은 집행 날짜를 정해 노무인력과 차량 등을 섭외하여 인도 집행을 실시하게 된다.

2. 동시이행 의무가 있는 경우

판결 주문에 부동산인도와 동시이행할 의무가 있는 경우가 많은데, 대표적인 것이 임대차계약 해지에 따른 부동산인도 소송에서 건물인도와 임차보증금반환 동시이행 판결을 하는 것이다.

이러한 동시이행 주문이 있더라도 부동산인도 집행 신청 시에 임차보증금을 공탁해야 하는 것은 아니며, 실제 부동산인도 집행을 하는 날에 집행관에게 공탁서를 제출하면 족하다.

만약 부동산인도와 더불어 임차보증금 반환 동시이행 판결이 선고된 후 피고(임차인)이 강제집행 시까지 추가로 차임(정확한 표현은 차임 상당의 부당이득)을 연체했더라도 집행관은 판결 주문에 기재된 임차보증금에서 연체된 차임을 공제할지에 대한 판단을 할 수 없으므로, 채권자가 부동산인도 집행을 하기 위해서는 판결 주문에 기재된 임차보증금 전액을 공탁해야 하는 문제가 발행한다.

이러한 경우에는 공탁 전에 임대인이 임차인에 대하여 가지는 차임 상당의 부당이득 반환 청구 채권으로 임대인 자신을 제3채무자로 하여 채권가압류 결정을 받은 후 임차보증금을 공탁하면 금전적 손실을 최소화할 수 있다.

다만 임차보증금의 변제공탁 시 건물인도의 반대급부 조건을 붙이는 경우 변제의 효력이 없는 것으로 판단될 수 있으므로 유의해야 한다.

> **판례**
>
> **대법원 1991. 12. 10. 선고 91다27594 판결**
>
> 건물명도와 동시이행관계에 있는 임차보증금의 변제공탁을 함에 있어서 건물을 명도하였다는 확인서를 첨부할 것을 반대급부조건으로 붙였다면 위 변제공탁은 명도의 선이행을 조건으로 한 것이라고 볼 수밖에 없으므로 변제의 효력이 없다고 보아야 할 것이다.

강 제 집 행 신 청 서

**지방법원 집행관사무소   집행관   귀하

<table>
<tr><td rowspan="4">채권자</td><td>성 명</td><td>홍길동</td><td>주민등록번호
(사업자등록번호)</td><td>700101-1000000</td><td>전화번호</td><td></td></tr>
<tr><td></td><td></td><td></td><td></td><td>우편번호</td><td>□□□- □□□</td></tr>
<tr><td>주 소</td><td colspan="3">경기도 시흥시 수인로1234번길 **</td><td></td><td></td></tr>
<tr><td>대리인</td><td colspan="2"></td><td></td><td>전화번호</td><td>전화 : 010-1234-5678
팩스 : 02-1234-5678</td></tr>
<tr><td rowspan="2">채무자</td><td>성 명</td><td>김철중</td><td></td><td></td><td>전화번호</td><td></td></tr>
<tr><td></td><td></td><td></td><td></td><td>우편번호</td><td>□□□- □□□</td></tr>
<tr><td></td><td>주 소</td><td colspan="5">원주시 서원대로 ***</td></tr>
</table>

집행목적물 소재지	경기도 부천시 괴안동 ***
집 행 권 원	인천지방법원 부천지원 2022가단**** 건물인도 사건의 판결문
집행의 목적물 및 집 행 방 법	동산압류, 동산가압류, 동산가처분, 부동산점유이전금지가처분, 부동산인도, 자동차인도, 기타( )
청 구 금 액	금 원(내역은 뒷면과 같음)

위 집행권원에 기한 집행을 하여 주시기 바랍니다.
※ 첨부서류
1. 집행권원   1통   2022년 7월   일
2. 송달증명서   1통   채권자 홍 길 동 (인)
3. 위임장   1통

※특약사항
1. 본인이 수령할 예납금잔액을 본인의 비용부담하에
   오른쪽에 표시한 예금계좌에 입금하여 주실 것을
   신청합니다.
                채권자 홍 길 동 (인)

예금계좌	개설은행	신한
	예금주	홍길동
	계좌번호	123-456-789012

2. 집행관이 계산한 수수료 기타 비용의 예납통지 또는 강제집행 속행의사 유무 확인 촉구를 2회 이상
   받고도 채권자가 상당한 기간내에 그 예납 또는 속행의 의사표시를 하지 아니한 때에는 본건 강제
   집행 위임을 취하한 것으로 보고 종결처분하여도 이의 없습니다.
                                          채권자 홍 길 동   (인)

청구금액계산서	
내　용	금　액
합　계	금　　　　　　원

집행목적물 소재지 약도

　　　　　　　　　　　　　　　　　　　　　　　　　　부동산인도 및 임대차 소송 실무

3. 건물인도 집행

　건물인도 집행 시 집행 채무자가 건물에 가벽 등을 설치했더라도 이는 건물의 부속 부분으로 보아 판결 주문에 별도의 철거 내용이 없다면 집행관은 통상 철거집행을 하지 않고 이동이 가능한 물건만 건물 밖으로 이동시킨 후 건물을 채권자에게 인도하는 것이 실무이다.

　원칙적으로 채무자가 점유하고 있는 건물 내의 물건은 채무자의 것으로 추정되므로 집행관은 건물인도 집행 시 건물 내의 모든 동산을 집행대상으로 삼을 것인데, 만약 채권자가 자기 소유의 동산을 포함하여 채무자에게 건물을 임대하였다면(오피스텔 임대 시 빌트인 가전을 포함하여 임대하는 경우 등), 판결문만으로 이를 확인하기는 어려우나 집행관은 채권자의 진술과 임대차계약서 기재 사항 등으로 채권자 소유의 물건을 집행 대상에서 제외하는 것이 실무이다.

　1개 건물의 일부에 대한 집행을 하려면 판결문에 해당 부분을 특정한 도면이 첨부되어야 하고, 판결 주문에 그 면적도 표시되어 있어야 한다. 통상 집행 목적물의 위치와 면적은 대략 구분할 수 있는 정도이면 족하나, 인접한 두 개의 토지 위에 걸쳐 있는 건물 중 어느 한 토지 위에 있는 부분만 인도하거나 철거할 경우 등 정확한 경계가 필요할 경우에는 소송 단계에서 측량감정을 의뢰하고, 그 도면을 판결문의 별지 도면으로 하여 판결 및 집행을 실시해야 한다.

4. 토지인도 집행

　건물인도 집행의 경우에는 집행이 완료되면 자물쇠를 교체하고 채권자에게 열쇠를 인도함으로써 집행이 완료되나, 토지의 경우에는 채무자의 물건을 토지 밖으로 빼내고 채권자에게 인도를 선언함으로써 집행이 완료된다. 채무자의 재침입을 막기 위해 울타리를 친다든가 하는 것은 채권자의 선택사항이다.

토지인도 집행에 있어서 매우 골치 아픈 문제 중에 하나는 수목의 수거인데, 수목이 피고(채무자)의 소유인 경우 이를 손상되지 않도록 이동하는 것은 엄청난 비용이 소요되는 작업이므로, 소송 단계에서 가급적 피고와 조정으로 해결하는 것이 비용을 절감할 수 있는 현실적인 방법이다.

채무자 소유 수목의 수거와 그 토지의 인도 판결을 받은 경우에는 수목을 수거하지 않고 토지인도 집행을 할 수 없으나, 금전지급의 판결이 포함된 경우에는 수목을 수거하지 않은 채 압류하여 채권자에게 보관시킨 후 수목을 경매하여 처분할 수 있다.

5. 집행완료 후 절차

부동산인도 집행이 완료되면 채무자 소유의 물건은 집행관이 지정한 보관창고에 보관하게 되며 채권자는 통상 3개월분의 보관료를 선납한다.

위 보관된 물건을 채무자가 찾아가면 채권자는 나머지 보관료를 반환받을 수 있지만, 가치가 없는 물건인 경우 채무자가 3개월이 지나가도록 찾아가지 않을 가능성이 높고 그렇게 되면 채권자는 매월 보관료를 납부해야 하는 상황에 처할 수 있다.

따라서 부동산인도 판결문에 채무자에 대한 금전채권이 있다면 이를 가지고 위 보관된 물건에 대한 압류 및 경매를 통해 처분해야 하는데, 채무자가 찾아가지 않을 정도의 물건이라면 아무도 매수할 사람이 없을 것이므로, 채권자가 최저매각가격으로 매수하여 임의로 처분한다. 이때 채권자가 실제로 매수대금을 지급하는 것은 아니고 위 금전채권 판결문에서 공제하는 형식으로 진행된다.

만약 부동산인도 판결문에 금전지급에 대한 내용이 없다면, 채무자에게 일정기간 안에 찾아갈 것을 최고한 후 찾아가지 않으면 '동산매각명령 및 공탁허가신청' 후 결정을 받아 매각을 실시하고 매각대금에서 매각비용을 공제한 후 잔액이 있으면 공탁한다.

예전에는 채무자에게 일정기간 안에 찾아갈 것을 최고하는 절차를 채권자가 직접 하였으나 최근에는 집행관이 직접 하는 법원이 많으므로 집행관과 협의하여 절차를 진행하면 된다.

6. 집행비용

부동산인도 집행 시 인부의 노임, 차량의 운송료, 보관비 등이 지출되며 이는 집행완료 후 집행비용확정결정 절차를 통해 청구할 수 있다. 다수의 피고가 연대채무자인 경우 집행비용은 균등하게 나눠서 부담한다.

집행비용액확정결정신청서

신 청 인 홍길동
　　　　　서울 서대문구 통일로 ***

피신청인 김흥부
　　　　　서울 서대문구 명지대길 ***

신 청 취 지

위 당사자들 사이의 귀원 2018가*** 부동산점유이전금지가처분, 2018본*** 건물인도 사건에 관하여, 피신청인이 신청인에게 상환하여야 할 집행비용액은 금 2,285,950원 임을 확정한다.
　라는 결정을 구합니다.

신 청 원 인

1. 피신청인은 귀원 2018카단*** 부동산점유이전금지가처분, 2018나*** 건물명도(인도) 사건의 채무자 및 피고이고, 신청인은 위 사건의 채권자 및 원고입니다.

---

2. 신청인은 2018. 5. 14. 위 가처분 사건의 결정에 기하여 피신청인을 상대로 귀원 2018가*** 부동산점유이전금지가처분 집행을 완료하였고, 2019. 1. 17. 위 본안 사건의 집행권원에 기하여 같은 부동산을 점유하고 있는 피신청인을 상대로 귀원 2018본*** 건물명도 집행을 완료하였습니다.

3. 따라서, 신청인은 귀원 2018가*** 2018본*** 각 사건들의 집행에 지출된 집행비용을 확정받고자 본 신청에 이르렀습니다.

첨 부 서 류

1. 집행비용계산서
1. 각 사건 비용영수증
1. 2018나*** 건물인도 사건의 판결문 사본
1. 2018카단*** 부동산점유이전금지가처분 사건의 결정문 사본

2019년 6월   일

위 신청인 홍길동

서울서부지방법원 귀중

제8장

부동산인도 집행에
수반되는 문제들(실무 사례)

1. 점유자 확인이 불가능할 경우 건물인도 집행

　민사집행법 제258조 제1항에 '채무자가 부동산이나 선박을 인도하여야 할 때에는 집행관은 채무자로부터 점유를 빼앗아 채권자에게 인도하여야 한다'고 기재된 의미는 누군가 점유하고 있을 때 점유자가 맞는지 확인하고 채권자에게 인도하라는 것이므로, 공가의 경우 실무적으로는 임대차계약서, 전입세대확인서, 가옥 내의 우편물 등으로 점유를 확인하고 인도집행을 실시한다.

2. 채무자의 가족이 건물인도 집행 목적물의 일부를 점유하고 임차인이라고 주장하는 경우 집행의 가부

　집행관의 주택인도 집행 시 채무자가 아닌 전세입주자인 원고의 모가 원고들의 거주 사실을 말하고 이를 뒷받침하는 전세계약서, 주민등록표등본을 제시하면서 그 집행의 부당함을 항의하였음에도 불구하고 원고와 채무자가 처남매부 간이라 하여 그 항의를 묵살하고 명도집행을 강행하였다면 집행관은 그 명도집행에 있어 준수할 집행절차에 위배하였다고 할 것이다(대법원 1985. 5. 28. 선고 84다카1924 판결).

3. 공부상 구분건물이나 현황 상 격벽이 제거되고 합체되어 구분된 형태를 알아볼 수 없는 경우

건물의 동일성을 인정할 것인지 여부는 등기부에 표시된 소재, 지번, 종류 구조와 면적 등이 실제 건물과 사이에 사회통념상 동일성이 인정될 정도로 합치되는지의 여부에 따라 결정되는데, 위치, 구조, 평수에 차이가 있어도 건물의 대부분이 등기부 상 주소 위에 있고 그 지상에는 다른 건물이 존재하지 아니하는 등 혼동의 우려가 없다면 사회통념상 동일성을 인정할 수 있는 것이다(대법원 1996. 6. 14. 선고 94다53006).

따라서 합체된 구분건물을 사회통념상 집행권원 상의 여러 개의 목적물과 동일한 것으로 볼 수 있다면 별도의 측량 등의 절차 없이 집행이 가능하다 할 것이다.

4. 집행 후 채무자의 동산 반환 요구

건물인도 집행 후 채무자가 창고업자에게 동산의 반환을 요청할 경우 채무자의 동산은 압류된 상태가 아니므로 채권자가 채무자의 반환 요청을 거절할 수는 없으나 창고업자는 유치권을 주장하여 보관비를 지급받기 전까지는 인도를 거부할 수 있다(실무상으로는 건물인도 집행 시 채권자가 3개월분의 보관료를 선납하기 때문에 창고업자는 채권자의 동의를 구하여 반환하고 있다).

보관비 외 인도집행 노무비와 운반비는 집행비용확정결정 절차에 의해 청구할 부분이므로, 채권자가 노무비와 운반비 등의 집행비용 청구를 이유로 채무자의 동산반환 요청을 거절할 수 없다.

〈관련 법률〉
민사집행법 제258조(부동산 등의 인도청구의 집행)
① 채무자가 부동산이나 선박을 인도하여야 할 때에는 집행관은 채무자로부터 점유

를 빼앗아 채권자에게 인도하여야 한다.

② 제1항의 강제집행은 채권자나 그 대리인이 인도받기 위하여 출석한 때에만 한다.

③ 강제집행의 목적물이 아닌 동산은 집행관이 제거하여 채무자에게 인도하여야 한다.

④ 제3항의 경우 채무자가 없는 때에는 집행관은 채무자와 같이 사는 사리를 분별할 지능이 있는 친족 또는 채무자의 대리인이나 고용인에게 그 동산을 인도하여야 한다.

⑤ 채무자와 제4항에 적은 사람이 없는 때에는 집행관은 그 동산을 채무자의 비용으로 보관하여야 한다.

⑥ 채무자가 그 동산의 수취를 게을리 한 때에는 집행관은 집행법원의 허가를 받아 동산에 대한 강제집행의 매각절차에 관한 규정에 따라 그 동산을 매각하고 비용을 뺀 뒤에 나머지 대금을 공탁하여야 한다.

5. 수목의 수거 방법

수목을 수거하도록 명한 판결에 관하여, 민사집행법 제258조 제3항에 '강제집행의 목적물이 아닌 동산은 집행관이 제거하여 채무자에게 인도하여야 한다'고 되어 있으므로, 집행관은 제거한 수목을 채무자에게 인도하여야 하고, 인도할 수 없어 보관하게 되는 경우에는 고사를 방지하기 위해 적당한 조치를 취해야 한다(인접 토지에 채권자 소유의 토지가 있는 경우 수목을 식재하는 등의 조치).

6. 수목의 매각과 토지의 인도

토지인도 집행에서 그 지상 건물의 철거 또는 수목의 수거 후 토지를 인도하라는 판결을 받은 경우 위 철거 또는 수거가 되지 않으면 토지인도 집행을 할 수 없다. 따라서 채권자가 금전지급 판결에 의해 수목에 대한 경매신청 후 채권자가 매수하면 토지를 인도받을 수 있으나, 제3자가 매수 후 즉시 수목을 수거해가지 않는다면 그 토지는 인도

집행이 불가능하다.

따라서 채권자는 매수인이 계속 수목을 수거하지 않을 경우 매수인을 상대로 별도의 수목의 수거 및 토지인도 판결을 받아야 한다.

※ 위와 같은 문제가 발생되지 않게 하기 위하여 집행관은 수목 경매 시 '일정기간 내에 수목을 수거하지 않을 경우 매각허가결정을 취소한다'는 매각조건을 걸고 매각하는 방법을 고려해볼 수 있다.

7. 임대차계약서 없이 입실계약서를 작성하고 월단위로 사용료를 선불로 지급하면서 사용하고 있는 입실자도 독립된 점유자인가?
(예: 고시원 입실자 등)

모텔 등의 숙박업소를 경영하는 사람을 상대로 받은 건물인도 판결로 집행을 할 경우 숙박업소에 임시로 머무르는 손님에 대하여 별도의 집행권원 없이 집행할 수 있으나, 고시원 입실자나 하숙인은 별도의 계약에 의해 독립된 점유를 하고 있는 것으로 보아 고시원 운영자에 대한 집행권원으로 건물인도 집행을 할 수 없다.

8. 심신상실 내지 심신미약 상태인 채무자가 단독으로 거주하여 건물인도 집행 시 채무자를 길거리에 두고 집행을 종료할 수밖에 없는 상황인 경우

채무자 가족의 동의를 얻어 채무자를 요양시설로 옮기는 등의 방법이 강구되지 아니한 채 채무자의 신체와 건강에 위험이 있는 상태로 건물인도 집행을 실시할 수 없다.

9. 인도집행 대상 건물에 무허가 증축된 건물이 있고 제3자가 증축된 건물은 자신의 소유라고 주장하는 경우

부속건물이 집행대상 건물의 부합물 내지 종물로 판단되는 경우 소유권을 주장하는 자가 소유의 근거를 제시하지 못하는 이상 인도집행이 가능할 것으로 보인다.

〈관련 법률〉

민법 제100조(주물, 종물)

① 물건의 소유자가 그 물건의 상용에 공하기 위하여 자기소유인 다른 물건을 이에 부속하게 한 때에는 그 부속물은 종물이다.

② 종물은 주물의 처분에 따른다.

10. 판결대로 철거집행을 강행하면 안전사고가 우려되는 경우

집행관이 전문가의 안전진단 및 붕괴방지 공사 견적을 받아 채권자로부터 철거 및 붕괴방지 공사 비용을 받은 후에 집행하는 방법을 강구하여야 한다.

제2편

상가건물임대차보호법

제1장

적용범위

1) 상가건물임대차보호법이 적용되는 상가건물이라 함은 사업자등록의 대상이 되는 건물을 말하며, 임차목적물은 영업용으로 사용되고 있어야 한다. 단순히 상품의 보관·제조·가공 등의 행위만이 이루어지는 공장·창고 등은 영업용으로 사용하는 경우라고 할 수 없으나 그곳에서 그러한 사실행위와 더불어 영리를 목적으로 하는 활동이 함께 이루어진다면 상가건물임대차보호법 적용 대상인 상가건물에 해당한다(대법원 2011. 7. 28. 선고 2009다40967 판결).

2) 단, 환산보증금이 대통령령으로 정하는 보증금을 초과하는 경우에는 원칙적으로 상가건물임대차보호법이 적용되지 않으며, 환산보증금액의 기준을 정리하면 아래 표와 같다.

환산보증금액 관련 개정 내역						
시행일	2002. 11. 1.	2008. 8. 21.	2010. 7. 26.	2013. 8. 13.	2018. 1. 26 이후 체결, 갱신	2019. 4. 2. 이후 체결, 갱신
서울특별시	2억4천	2억6천	3억	4억	6억1천	9억
과밀억제권역 및 부산광역시	1억9천	2억1천	2억5천	3억	5억	6억9천
광역시, 세종특별자치시, 파주시, 화성시, 안산시, 용인시, 김포시 및 광주시	1억5천	1억6천	1억8천	2억4천	3억9천	5억4천
그 외	1억4천	1억5천	1억5천	1억8천	2억7천	3억7천

부동산인도 및 임대차 소송 실무

※ 개정된 시기 별로 적용 지역의 변동도 소폭 있으므로, 정확한 내용은 해당 시기의 상가건물임대차보호법 시행령을 확인하기 바랍니다.

※ 환산보증금 =(월차임×100) + 임차보증금

3) 차임에 관하여 원칙적으로 부가가치세를 포함한 금액을 기준으로 환산보증금을 산정하고 있는 것으로 보이나(대법원 2017. 12. 5. 선고 2017다9657 판결 등), 예외적으로 임대차계약서에 '부가가치세 별도'라는 약정이 있으면 부가가치세를 제외한 차임으로 환산보증금을 계산한 하급심 판결이 있다.

> **판례**
>
> **수원지법 2009. 4. 29. 선고 2008나27056 판결**
>
> 임차인이 부담하기로 한 부가가치세액이 상가건물 임대차보호법 제2조 제2항에 정한 '차임'에 포함되는지 여부에 관하여 보건대, 부가가치세법 제2조, 제13조, 제15조에 의하면 임차인에게 상가건물을 임대함으로써 임대용역을 공급하고 차임을 지급받는 임대사업자는 과세관청을 대신하여 임차인으로부터 부가가치세를 징수하여 이를 국가에 납부할 의무가 있는바, 임대차계약의 당사자들이 차임을 정하면서 '부가세 별도'라는 약정을 하였다면 특별한 사정이 없는 한 임대용역에 관한 부가가치세의 납부의무자가 임차인이라는 점, 약정한 차임에 위 부가가치세액이 포함된 것은 아니라는 점, 나아가 임대인이 임차인으로부터 위 부가가치세액을 별도로 거래징수할 것이라는 점 등을 확인하는 의미로 해석함이 상당하고, 임대인과 임차인이 이러한 약정을 하였다고 하여 정해진 차임 외에 위 부가가치세액을 상가건물 임대차보호법 제2조 제2항에 정한 '차임'에 포함시킬 이유는 없다.

4) 예컨대 상임법에서 기간을 정하지 않은 임대차는 그 기간을 1년으로 간주하지만(제9조 제1항), 대통령령으로 정한 보증금액을 초과하는 임대차는 위 규정이 적용되지 않으므로(제2조 제1항 단서), 원래의 상태 그대로 기간을 정하지 않은 것이 되어 민법의 적용을 받는다. 민법 제635조 제1항, 제2항 제1호에 따라 이러한 임대차는 임대인이 언제든지 해지를 통고할 수 있고 임차인이 통고를 받은 날로부터 6개월이 지남으로써 효력이 생기므로, 임대차기간이 정해져 있음을 전제로 기간 만료 6개월 전

부터 1개월 전까지 사이에 행사하도록 규정된 임차인의 계약갱신요구권(상가임대차법 제10조 제1항)은 발생할 여지가 없다.

5) 위와 같이 환산보증금을 초과하는 경우에는 임차보증금액에 상당하는 근저당권을 설정하거나 전세권을 설정하는 등 별도의 방법으로 임차보증금반환 채권을 보호할 필요가 있다.

6) 임차인이 수 개의 구분점포를 동일한 임대인에게서 임차하여 하나의 사업장으로 사용하면서 단일한 영업을 하는 경우 등과 같이, 임차인과 임대인 사이에 구분점포 각각에 대하여 별도의 임대차관계가 성립한 것이 아니라 일괄하여 단일한 임대차 관계가 성립한 것으로 볼 수 있는 때에는, 비록 구분점포 각각에 대하여 별개의 임대차계약서가 작성되어 있더라도 구분점포 전부에 관하여 상가건물 임대차보호법 제2조 제2항의 규정에 따라 환산한 보증금액의 합산액을 기준으로 상가건물 임대차보호법 제14조에 의하여 우선변제를 받을 임차인의 범위를 판단하여야 한다.

7) 다만, 환산보증금을 초과하는 상가임대차계약이라 하더라도 상가건물임대차보호법 제3조(대항력), 제10조제1항, 제2항, 제3항 본문(계약갱신요구권), 제10조의2부터 제10조의9까지(권리금, 차임연체와 해지), 제11조의2(폐업으로 인한 임차인의 해지권)의 규정 및 제19조(표준계약서의 작성) 조항은 적용된다.

※ 지역별 환산보증금 산정 시 '과밀억제권역'이라 함은 아래 수도권정비계획법 시행령 별표1에 기재된 과밀억제권역 중 서울특별시를 제외한 나머지 지역을 말한다.

[별표 1] 〈개정 2017. 6. 20.〉

과밀억제권역, 성장관리권역 및 자연보전권역의 범위(제9조 관련)

과밀억제권역	성장관리권역	자연보전권역
1. 서울특별시 2. 인천광역시[강화군, 옹진군, 서구 대곡동·불로동·마전동·금곡동·오류동·왕길동·당하동·원당동, 인천경제자유구역(경제자유구역에서 해제된 지역을 포함한다) 및 남동 국가산업단지는 제외한다] 3. 의정부시 4. 구리시 5. 남양주시(호평동, 평내동, 금곡동, 일패동, 이패동, 삼패동, 가운동, 수석동, 지금동 및 도농동만 해당한다) 6. 하남시 7. 고양시 8. 수원시 9. 성남시 10. 안양시 11. 부천시 12. 광명시 13. 과천시 14. 의왕시 15. 군포시 16. 시흥시[반월특수지역(반월특수지역에서 해제된 지역을 포함한다)은 제외한다]	1. 인천광역시[강화군, 옹진군, 서구 대곡동·불로동·마전동·금곡동·오류동·왕길동·당하동·원당동, 인천경제자유구역(경제자유구역에서 해제된 지역을 포함한다) 및 남동 국가산업단지만 해당한다] 2. 동두천시 3. 안산시 4. 오산시 5. 평택시 6. 파주시 7. 남양주시(별내동, 와부읍, 진전읍, 별내면, 퇴계원면, 진건읍 및 오남읍만 해당한다) 8. 용인시(신갈동, 하갈동, 영덕동, 구갈동, 상갈동, 보라동, 지곡동, 공세동, 고매동, 농서동, 서천동, 언남동, 청덕동, 마북동, 동백동, 중동, 상하동, 보정동, 풍덕천동, 신봉동, 죽전동, 동천동, 고기동, 상현동, 성복동, 남사면, 이동면 및 원삼면 목신리·죽릉리·학일리·독성리·고당리·문촌리만 해당한다) 9. 연천군 10. 포천시 11. 양주시 12. 김포시 13. 화성시 14. 안성시(가사동, 가현동, 명륜동, 숭인동, 봉남동, 구포동, 동본동, 영동, 봉산동, 성남동, 창전동, 낙원동, 옥천동, 현수동, 발화동, 옥산동, 석정동, 서인동, 인지동, 아양동, 신흥동, 도기동, 계동, 중리동, 사곡동, 금석동, 당왕동, 신모산동, 신소현동, 신건지동, 금산동, 연지동, 대천동, 대덕면, 미양면, 공도읍, 원곡면, 보개면, 금광면, 서운면, 양성면, 고삼면, 죽산면 두교리·당목리·칠장리 및 삼죽면 마전리·미장리·진촌리·기솔리·내강리만 해당한다) 15. 시흥시 중 반월특수지역(반월특수지역에서 해제된 지역을 포함한다)	1. 이천시 2. 남양주시(화도읍, 수동면 및 조안면만 해당한다) 3. 용인시(김량장동, 남동, 역북동, 삼가동, 유방동, 고림동, 마평동, 운학동, 호동, 해곡동, 포곡읍, 모현면, 백암면, 양지면 및 원삼면 가재월리·사암리·미평리·좌항리·맹리·두창리만 해당한다) 4. 가평군 5. 양평군 6. 여주시 7. 광주시 8. 안성시(일죽면, 죽산면 죽산리·용설리·장계리·매산리·장릉리·장원리·두현리 및 삼죽면 용월리·덕산리·율곡리·내장리·배태리만 해당한다)

8) 한편 사업자등록신청은 법인도 할 수 있을 뿐 아니라 법인세법 111조 및 부가가치

세법 8조에 의한 사업자등록신청 역시 상가건물임대차보호법에서 사업자등록으로 인정하고 있으므로 법인과 부가가치세법에 따라 사업자등록이 가능한 비법인 사단·재단, 그 밖의 단체도 상가건물 임대차보호법의 적용대상이 된다.

제2장

대항력, 확정일자, 우선변제권

1. 대항력

1) 대항력이란, 상가건물의 임차인이 제3자에 대한 대항력을 취득한 다음 임차건물의 양도 등으로 소유자가 변동된 경우에는 양수인 등 새로운 소유자(이하 '양수인'이라 한다)가 임대인의 지위를 당연히 승계한다는 의미이다.

2) 소유권 변동의 원인이 매매 등 법률행위든 상속·경매 등 법률의 규정이든 상관없이 이 규정이 적용되므로, 상속에 따라 임차건물의 소유권을 취득한 자도 위 조항에서 말하는 임차건물의 양수인에 해당하며, 임대를 한 상가건물을 여러 사람이 공유하고 있다가 이를 분할하기 위한 경매절차에서 건물의 소유자가 바뀐 경우에도 양수인이 임대인의 지위를 승계한다.

3) 대항력 있는 임차인은 새로운 소유자와 임대차계약서를 다시 작성할 필요가 없고 (다시 작성해도 무방하다), 임대차계약이 종료 또는 해지되는 경우 새로운 소유자에게 임대차보증금의 반환을 청구할 수 있다.

4) 대항력을 취득하기 위해서는 임차인이 건물을 '인도'받고 '사업자등록'을 신청해야 하는데, 대항력의 효력은 사업자등록을 신청한 다음 날(0시)부터 발생한다. 이에 대해 근저당권자 등 등기부상 다른 권리자에 비해 불리하다는 지적이 있으나, 건물의 인도 및 사업자등록은 등기에 비하여 불완전한 공시방법이므로, 같은 날 등기와 사업자등록이 이뤄지는 경우에 등기를 우선하자는 취지로 보인다.

5) 사업자등록신청서에 첨부한 임대차계약서상의 임대차목적물 소재지가 당해 상가건물에 대한 등기기록상의 표시와 불일치하는 경우에는 특별한 사정이 없는 한 그 사업자등록은 제3자에 대한 관계에서 유효한 임대차의 공시방법이 될 수 없다.

6) 상가건물의 일부만 임차할 때(예를 들어 건물 1층 100㎡ 중 30㎡를 임차하는 경우)에는 해당부분의 도면을 첨부하여 사업자등록을 신청하여야 한다(부가가치세법 시행령 제11조 제2항). 건물 전체가 아니라도 1개 층의 전부를 임차하는 경우에는 도면이 필요하지 않다.

7) 그러나 임차권의 대항 등을 받는 새로운 소유자라고 할지라도 임차인과의 계약에 기하여 그들 사이의 법률관계를 그들의 의사에 좇아 자유롭게 형성할 수 있는 바, 따라서 새로운 소유자와 임차인이 동일한 목적물에 관하여 종전 임대차계약의 효력을 소멸시키려는 의사로 그와는 별개의 임대차계약을 새로이 체결하여 그들 사이의 법률관계가 이 새로운 계약에 의하여 규율되는 것으로 정할 수 있다. 그리고 그 경우에는 종전의 임대차계약은 그와 같은 합의의 결과로 그 효력을 상실하게 되므로, 다른 특별한 사정이 없는 한 이제 종전의 임대차계약을 기초로 발생하였던 대항력 또는 우선변제권 등도 종전 임대차계약과 함께 소멸하여 이를 새로운 소유자 등에게 주장할 수 없다고 할 것이다.

8) 상가건물을 임차하고 사업자등록을 마친 사업자가 임차 건물의 전대차 등으로 당해 사업을 개시하지 않거나 사실상 폐업한 경우에는 그 사업자등록은 부가가치세법 및 상가건물 임대차보호법이 상가임대차의 공시방법으로 요구하는 적법한 사업자등록이라고 볼 수 없고, 이 경우 임차인이 상가건물 임대차보호법상의 대항력 및 우선변제권을 유지하기 위해서는 건물을 직접 점유하면서 사업을 운영하는 전차인이 그 명의로 사업자등록을 하여야 한다.

2. 확정일자와 우선변제권

1) 대항력을 갖추고 관할 세무서장으로부터 임대차계약서에 확정일자를 받은 임차인은 경매 또는 공매 시 임차건물의 환가대금에서 후순위권리자나 그 밖의 채권자보다 우선하여 보증금을 변제받을 권리가 있다.

2) 임차인이 임대차 개시 당시에 사업자등록과 확정일자를 받았다 하더라도 배당요구종기일까지 위 우선변제의 요건을 유지해야 다른 채권자보다 우선하여 보증금을 변제받을 수 있다.

> **판례**
>
> **대법원 2006. 1. 13. 선고 2005다64002 판결**
>
> [1] 상가건물의 임차인이 임대차보증금 반환채권에 대하여 상가건물 임대차보호법 제3조 제1항 소정의 대항력 또는 같은 법 제5조 제2항 소정의 우선변제권을 가지려면 임대차의 목적인 상가건물의 인도 및 부가가치세법 등에 의한 사업자등록을 구비하고, 관할세무서장으로부터 확정일자를 받아야 하며, 그 중 사업자등록은 대항력 또는 우선변제권의 취득요건일 뿐만 아니라 존속요건이기도 하므로, 배당요구의 종기까지 존속하고 있어야 한다.
>
> [2] 부가가치세법 제5조 제4항, 제5항의 규정 취지에 비추어 보면, 상가건물을 임차하고 사업자등록을 마친 사업자가 임차 건물의 전대차 등으로 당해 사업을 개시하지 않거나 사실상 폐업한 경우에는 그 사업자등록은 부가가치세법 및 상가건물 임대차보호법이 상가임대차의 공시방법으로 요구하는 적법한 사업자등록이라고 볼 수 없고, 이 경우 임차인이 상가건물 임대차보호법상의 대항력 및 우선변제권을 유지하기 위해서는 건물을 직접 점유하면서 사업을 운영하는 전차인이 그 명의로 사업자등록을 하여야 한다.

3) 환산보증금을 초과하는 상가임대차계약의 임차인은 대항력을 취득할 수 있으나, 별도의 전세권 설정 등을 하지 않는 이상 상가건물임대차보호법에 따른 우선변제권은 취득할 수는 없다.

4) 최초 임대차계약서뿐만 아니라 갱신계약 또는 재계약을 하면서 임대차보증금을 증액하는 경우에도 증액된 임대차계약서에 확정일자를 받아야 증액된 금액에 대하여 우선변제권을 인정받을 수 있다.

5) 상가건물임대차계약은 '건물'의 사용에 대한 계약이지만, 경매 또는 공매 시 토지와 건물이 일괄 매각되면 임차인은 건물뿐만 아니라 토지의 환가대금에서도 배당을 받게 되므로, 자신의 임차보증금 반환 채권이 보장될 수 있는지 파악하기 위해 임대차계약 시 토지의 등기사항증명서도 확인할 필요가 있다.

제3장

임차권등기명령

1. 임차권등기가 필요한 경우

임대차계약이 종료되면 임차인은 임차목적물을 임대인에게 인도하고 임대차보증금을 반환받아야 하는데, 임대인이 임대차보증금을 반환하지 않을 경우 보증금 반환 소송 등을 진행하는 동안 임차인이 사업장의 이전 등으로 점유를 상실하더라도 대항력과 우선변제권을 잃지 않기 위하여 임차권등기명령을 신청할 수 있고, 구체적으로 다음과 같은 상황이 발생할 수 있다.

가. 임차인이 임차목적물을 계속 점유하는 경우

1) 임차목적물의 인도와 임차보증금의 반환은 동시이행 관계에 있으므로, 임대인이 보증금의 반환을 거부하는 경우 임차인은 임차목적물을 계속 점유할 수 있다. 그러나 임대차계약 종료 후에 임차인이 임차건물을 계속 점유하는 경우에는 차임(임대차계약이 종료되었으므로 법률적으로 정확한 표현은 '차임 상당의 부당이득'이지만 간단히 차임이라고 표기한다)을 지급해야 하는 문제가 발생하는데, 임차인이 계속 영업을 하고 있다면 당연히 차임을 지급해야 하지만, 이미 폐업을 하고 단지 임차보증금을 반환받기 위해 임차목적물을 점유하는 경우에는 차임을 지급하지 않아도 된다.

2) 임대차보증금이 반환되지 않은 상태이므로 임차목적물을 반환하지 않고 있는 것이 위법하다고 보기도 어렵다.

판례

대법원 1998.05.29. 선고 98다6497 판결[보증금반환]

[1] 법률상의 원인 없이 이득하였음을 이유로 한 부당이득의 반환에 있어 이득이라 함은 실질적인 이익을 의미하므로, 임차인이 임대차계약관계가 소멸된 이후에도 임차목적물을 계속 점유하기는 하였으나 이를 본래의 임대차계약상의 목적에 따라 사용·수익하지 아니하여 실질적인 이득을 얻은 바 없는 경우에는 그로 인하여 임대인에게 손해가 발생하였다 하더라도 임차인의 부당이득반환의무는 성립되지 않는다.

[2] 임대차계약의 종료에 의하여 발생된 임차인의 목적물반환의무와 임대인의 연체차임을 공제한 나머지 보증금의 반환의무는 동시이행의 관계에 있으므로, 임대차계약 종료 후에도 임차인이 동시이행의 항변권을 행사하여 임차건물을 계속 점유하여 온 것이라면, 임대인이 임차인에게 보증금반환의무를 이행하였다거나 현실적인 이행의 제공을 하여 임차인의 건물명도의무가 지체에 빠지는 등의 사유로 동시이행의 항변권을 상실하지 않는 이상, 임차인의 건물에 대한 점유는 불법점유라고 할 수 없으며, 따라서 임차인으로서는 이에 대한 손해배상의무도 없다.

3) 따라서, 임차인이 차임 상당의 부당이득 의무를 면하기 위해서는 폐업신고를 하고 실제로 영업도 하지 아니하여야 하는데, 임차인이 폐업신고를 하면 대항력을 상실하고 확정일자에 의한 우선변제권도 상실하게 되는바, 임차인이 임차목적물을 계속 점유하고 있는 경우라도 임차보증금 반환 채권의 보전을 위해 임차권등기명령을 신청할 필요가 있다.

4) 임차권등기는 부동산등기부에 기입되어야 효력이 발생하므로, 등기부에 기입이 된 것을 확인 후 폐업신고를 하거나 상가건물을 임대인에게 인도해야 한다.

나. 임차건물을 인도하는 경우

1) 임차인이 임차보증금을 반환받지 아니한 상태에서 임차건물을 임대인에게 인도한

경우에도 대항력과 우선변제권을 상실하게 되는바, 반드시 임차권등기를 신청하여 부동산등기부에 기입된 것을 확인한 후 임차건물을 인도해야 한다.

2) 만약 임차인이 점유를 상실한 이후에 임차권등기를 하게 된다면, 기존의 대항력과 우선변제권이 상실되었으므로, 부동산등기사항증명서에 임차권등기 기입이 경료된 날 대항력과 우선변제권을 취득하게 된다.

2. 신청 요건

임대차등기명령은 임대차관계가 종료되고 임차보증금이 반환되지 않은 경우 신청할 수 있다. 임대차관계의 종료는 기간만료, 임대차계약 해지 등 어떠한 사유라도 가능하며, 보증금의 일부만 돌려받지 못한 경우에도 임차권등기를 신청할 수 있다.

3. 관할 법원

임차권등기명령 신청은 임차건물의 소재지를 관할하는 지방법원, 지방법원지원 또는 시·군법원에 한다. 주택에 대한 임차권등기명령 신청은 자연인만 할 수 있지만, 상가건물에 대한 임차권등기명령은 법인도 신청할 수 있다.

4. 임차권등기명령 첨부 서류

　　가. 임대차계약서 사본
　　나. 부동산등기사항증명서
　　다. 해지증빙서류(내용증명 등)
　　라. 건물도면(건물 일부를 임차한 경우)

5. 실무상 유의할 점

1) 건물 1개 층의 일부를 임차한 경우에는 임차권등기명령 신청 시 도면을 첨부해야 한다(임차목적물이 구분등기 된 건물의 전체인 경우는 해당되지 않음). 도면은 설계도와 같이 자세한 도면이 아니고 임차목적물의 위치를 파악할 수 있을 정도의 간단한 도면으로 족하다.

2) 또한 법원에서 임차권등기명령 결정이 되더라도 결정문이 피신청인(임대인)에게 송달이 되지 아니하면 등기촉탁이 진행되지 않는다. 따라서 결정 후에도 여러 차례 재송달을 하느라 등기촉탁까지 상당한 기간이 지체되는 경우가 많으므로, 피신청인의 주민등록 상 주소 외에 송달이 가능한 영업장이나 직장 등의 송달장소가 있으면 이를 기재하여야 신속하게 절차를 마칠 수 있다.

6. 보증금 반환과 임차권등기 말소

임차보증금 반환과 임차목적물의 인도는 동시이행 관계에 있으므로, 임차보증금의 반환과 임차권등기의 말소를 동시이행 관계라고 오해할 수도 있겠으나, 이미 사실상 이행지체에 빠진 임대인의 임대차보증금의 반환의무와 그에 대응하는 임차인의 권리를 보전하기 위하여 새로이 경료하는 임차권등기에 대한 임차인의 말소의무를 동시이행관계에 있는 것으로 해석할 것은 아니고, 특히 위 임차권등기는 임차인으로 하여금 기왕의 대항력이나 우선변제권을 유지하도록 해주는 담보적 기능만을 주목적으로 하는 점 등에 비추어 볼 때, 임대인의 임대차보증금의 반환의무가 임차인의 임차권등기 말소의무보다 먼저 이행되어야 할 의무이다(대법원 2005. 6. 9. 선고 2005다4529 판결).

7. 상가건물 임차권등기신청 신청취지 기재례

별지 목록 기재 건물에 관하여 아래와 같은 임차권등기를 명한다.
라는 결정을 구합니다.

   임차보증금: 금 30,000,000원

   차임: 월 금 1,500,000원

   차임지급시기: 매월 말일

   임대차 범위: 제3층 제301호 60㎡ 전부

   임대차계약일: 2020년 1월 1일

   사업자등록 신청일: 2020년 1월 2일

   점유개시일: 2020년 1월 1일

   확정일자: 2020년 1월 1일

※ 임대차기간 중 임대차보증금을 증액한 경우

   임차보증금: 금 30,000,000원(2021. 1. 1. 금 1,000,000원 증액)

   차임: 월 금 1,500,000원

   차임지급시기: 매월 말일

   임대차 범위: 제3층 제301호 60㎡ 전부

   임대차계약일:

   (1차) 2020. 1. 1.

   (2차) 2021. 1. 1.

   사업자등록 신청일: 2020년 1월 2일

   점유개시일: 2020년 1월 1일

   확정일자:

   (1차) 2020. 1. 1. (금 29,000,000원)

   (2차) 2021. 1. 1. (증액된 금 1,000,000원)

8. 당사자 합의에 의한 임차권설정등기

　환산보증금이 상가건물임대차보호법 시행령에서 정한 기준을 초과한 임대차계약이라도 상가건물임대차보호법에서 정한 대항력, 계약갱신요구권, 권리금에 대한 조항은 적용되나 임차목적물이 경매되는 경우에는 우선변제권이 없으므로, 임대차계약 체결 시 임대인에게 임차권설정등기에 협조할 것을 요구하여 임차권설정등기가 등기사항증명서에 기입되면 보증금을 보호받을 수 있다.

제4장

임대차기간과 계약갱신

1. 임대차기간

1) 기간을 정하지 아니하거나 기간을 1년 미만으로 정한 임대차는 그 기간을 1년으로 본다. 다만, 임차인은 1년 미만으로 정한 기간이 유효함을 주장할 수 있다(상가건물임 대차보호법 제9조 제1항).

2) 상가건물임대차보호법 제16조에 '이 법은 일시사용을 위한 임대차임이 명백한 경우 에는 적용하지 않는다.'라는 규정이 있으므로, 몇 개월 정도의 단기 임대차계약을 제결한 경우 임대인이 위 제9조 제1항의 적용 배제를 주장하기도 하나, 그 적용이 배제되는 경우는 숙박업소 등 극히 일부에 국한되므로, 임대인의 입장에서는 단기 의 계약이라도 매우 신중하게 해야 한다.

3) 한편 재개발, 재건축조합 설립 인가일 이후에 체결된 주택 및 상가건물임대차에 대 하여는 2년 또는 1년의 임대차기간이 보장되지 않으므로, 임차인의 입장에서는 이 점에 유의하여 임대차계약을 체결해야 한다.

2. 계약갱신요구권

임대인은 임차인이 임대차기간이 만료되기 6개월 전부터 1개월 전까지 사이에 계약 갱신을 요구할 경우 정당한 사유 없이 거절하지 못하고, 임차인은 최초의 임대차기간 을 포함한 전체 임대차기간이 10년을 초과하지 아니하는 범위 내에서 계약갱신요구권을 행사할 수 있다(상가건물임대차보호법 제10조 제1항 및 제2항).

단, 임대인이 갱신을 거절할 수 있는 여러 가지 사유가 있는데, 그 중 대표적인 몇 가지를 살펴보기로 한다.

가. 임차인이 3기의 차임액에 해당하는 금액에 이르도록 연체한 사실이 있는 경우

1) 임차인이 수 회 연체를 한 적이 있다 하더라도, 일정 시점에 차임 연체액 합계가 3기의 차임액에 이른 적이 없다면 갱신거절을 할 수 없다. 반대로 전혀 연체를 하지 않다가 단 한 번이라도 3기의 차임액에 해당하는 금액이 연체된 전력이 있다면 이는 갱신거절의 사유가 된다.

> **판례**
>
> **대법원 2021. 5. 13. 선고 2020다255429 판결**
>
> 상가건물 임대차보호법 제10조의8은 임대인이 차임연체를 이유로 계약을 해지할 수 있는 요건을 '차임연체액이 3기의 차임액에 달하는 때'라고 규정하였다. 반면 임대인이 임대차기간 만료를 앞두고 임차인의 계약갱신 요구를 거부할 수 있는 사유에 관해서는 '3기의 차임액에 해당하는 금액에 이르도록 차임을 연체한 사실이 있는 경우'라고 문언을 달리하여 규정하고 있다(상가임대차법 제10조 제1항 제1호). 그 취지는, 임대차기간 중 어느 때라도 차임이 3기분에 달하도록 연체된 사실이 있다면 임차인과의 계약관계 연장을 받아들여야 할 만큼의 신뢰가 깨어졌으므로 임대인은 계약갱신 요구를 거절할 수 있고, 반드시 임차인이 계약갱신요구권을 행사할 당시에 3기분에 이르는 차임이 연체되어 있어야 하는 것은 아니다.

수 신: 서울특별시 동작구 대림로 1234, 1층
　　　　홍길동
발 신: 서울 서초구 서초중앙로 154
　　　　김철중
제 목: 임대차계약 갱신거절 통지

1. 위 발신인은 **'서울특별시 동작구 대림로 1234, 1층'**(이하 '임차목적물'이라 합니다)의 임대인으로 본 내용증명을 발송합니다.

2. 위 임차목적물에 관한 임대인과 수신인 사이의 임대차계약은 2022. 12. 1. 그 기간이 만료되는데, 수신인은 3기 이상의 차임을 연체한 바 있으며, 임대인은 위 임대차계약을 갱신할 의사가 없으므로 갱신 거절을 통지드립니다.

3. 따라서, 수신인께서는 2022. 12. 1.까지 임차목적물을 원상복구하여 임대인에게 반환해주실 것을 요청드립니다.

2022년   9월   4일

임대인   김철중

---

2) 만약 임차인이 3기에 이르는 차임을 연체하였고 이를 전부 변제한 후 임대인과 갱신계약을 체결하였는데, 그 후 다시 임대차기간의 만기가 도래하였을 때 임대인이 이전 임대차기간의 3기 연체를 사유로 갱신을 거절할 수 있을까?

3) 임차인이 3기의 차임을 연체한 사실이 있었음에도 불구하고 임대인이 임차인의 계약갱신요구를 거절하지 아니하고 갱신계약을 체결하였다면, 3기 연체 사실을 두고 갱신거절사유로 삼지 않겠다는 상호 묵시적인 양해가 있다고 보아야 하므로, 임대인이 갱신계약 이전의 연체사실을 가지고 갱신을 거절하기 어려울 것으로 보인다.

나. 임차인이 임대인의 동의 없이 건물의 일부 또는 전부를 전대한 경우

1) 민법 제629조에서 임차인은 임대인의 동의 없이 그 권리를 양도하거나 전대하지 못하고(제1항), 임차인이 이에 위반한 때에는 임대인은 계약을 해지할 수 있다(제2항)고 규정하고 있는바 이는 민법상의 임대차계약이 당사자의 개인적 신뢰를 기초로 하는 계속적 법률관계임을 고려하여 임대인의 인적 신뢰나 경제적 이익을 보호하여 이를 해치지 않게 하고자 함에 있으며, 임차인이 임대인의 승낙 없이 제3자에게 임차물을 사용 수익시키는 것은 임대인에게 임대차관계를 계속 시키기 어려운 배신적 행위가 될 수 있는 것이기 때문에 임대인에게 일방적으로 임대차관계를 종지(終止)시킬 수 있도록 하고자 함에 있다 고 할 것이다.

2) 그러나, 임차인이 임대인으로부터 별도의 승낙을 얻은 바 없이 제3자에게 임차물을 사용·수익하도록 한 경우에 있어서도 임차인의 당해 행위가 임대인에 대한 배신적 행위라고 인정할 수 없는 특별한 사정이 있는 경우(임차인 부부 사이에 임차권을 양도한 사례)에는 위의 법조에 의한 해지권은 발생하지 않는다고 해석함이 상당하다(대법원 1993. 4. 27. 선고 92다45308 판결).

다. 임대인이 다음 어느 하나에 해당하는 사유로 목적 건물의 전부 또는 대부분을 철거하거나 재건축하기 위하여 목적 건물의 점유를 회복할 필요가 있는 경우

- 임대차계약 체결 당시 공사시기 및 소요기간 등을 포함한 철거 또는 재건축 계획을 임차인에게 구체적으로 고지하고 그 계획에 따르는 경우
- 건물이 노후·훼손 또는 일부 멸실되는 등 안전사고의 우려가 있는 경우
- 다른 법령에 따라 철거 또는 재건축이 이루어지는 경우

건물명도 상담 시 "건물이 노후되었다는 이유로 갱신거절을 할 수 있지 않느냐"는 문의도 많이 접하는데, 그 노후의 정도가 안전을 위협할 정도이어야 하므로, 단순히

부동산인도 및 임대차 소송 실무

건물이 노후하여 보수나 재건축이 필요하다는 주장으로 갱신거절을 할 수 없다.

3. 묵시적갱신

1) 임차인이 임대차기간이 만료되기 6개월 전부터 1개월 전까지 사이에 계약갱신을 요구할 경우 임대인은 정당한 사유 없이 거절하지 못하고, 위 기간 사이에 임대인이 갱신거절의 통지 또는 조건변경의 의사표시를 하지 아니한 경우에는 그 기간이 만료된 때에 전임대차와 동일한 조건으로 다시 1년간 임대차 한 것으로 본다.

2) 위와 같이 묵시적갱신이 된 경우에 임대인은 임대차기간 종료일 이전에 임대차계약을 해지할 수 없으나, 임차인은 언제든지 임대인에게 계약해지를 통지할 수 있고, 임대인이 해지통지를 받은 날로부터 3개월이 경과하면 해지의 효력이 발생한다.

3) 한편 계약갱신요구권을 행사할 수 있는 전체 임대차기간이 5년에서 10년으로 개정되었는데 이에 대한 적용 범위를 살펴보면, 개정 상가임대차보호법 부칙 제2조의 '이 법 시행 후 최초로 체결되거나 갱신되는 임대차'는 개정 상가임대차법이 시행되는 2018. 10. 16. 이후 처음으로 체결된 임대차 또는 2018. 10. 16. 이전에 체결되었지만 2018. 10. 16. 이후 그 이전에 인정되던 계약갱신 사유에 따라 갱신된 임대차를 가리킨다고 보아야 하는바, 위와 같이 '개정 상가임대차법 시행 후 갱신되는 임대차'에는 구 상가임대차법에 따라 임차인의 갱신요구권 행사에 의해 갱신된 임대차는 물론 당사자의 합의에 의하여 갱신되거나 묵시적으로 갱신된 임대차도 포함된다고 해석된다는 것이 하급심의 주류인 것으로 보인다.

제5장

차임증감, 권리금

1. 차임 등의 증감

1) 임차건물에 관한 조세, 공과금 등 경제적 사정의 변동으로 인하여 현재의 차임 또는 보증금의 증감이 필요한 경우 임대인과 임차인은 장래의 차임 또는 보증금의 증감을 청구할 수 있으나, 증액의 경우에는 대통령령으로 정한 일정 비율을 초과하지 못한다.

2) 그러나 「감염병의 예방 및 관리에 관한 법률」 제2조제2호에 따른 제1급감염병에 의한 경제사정의 변동으로 차임 등이 감액된 후 임대인이 증액을 청구하는 경우에는 증액된 차임 등이 감액 전 차임 등의 금액에 달할 때까지는 위 단서를 적용하지 아니한다.

3) 임대차계약 또는 차임의 증액이 있은 후에는 1년 내에 다시 증액 청구를 할 수 없다.

4) 환산보증금을 초과하는 임대차계약의 경우에도 10년 내에서 계약갱신을 요구할 수 있으나, 상가건물임대차보호법 상의 차임 및 보증금 증액 한도의 제한을 받지 아니하므로, 상가건물에 관한 조세, 공과금, 주변 상가건물의 차임과 보증금 등 경제적 사정의 변동을 고려하여 차임과 보증금의 증감을 청구할 수 있다.

5) 차임 등의 증감청구권에 관한 상가건물 임대차보호법 규정은 임대차계약의 존속 중 당사자 일방이 약정한 차임 등의 증감을 청구한 경우에 한하여 적용되고, 임대차계약이 종료한 후 재계약을 하거나 임대차계약 종료 전이라도 당사자의 합의로 차임

등을 증액하는 경우에는 적용되지 않는다(대법원 2014.02.13. 선고 2013다80481 판결).

6) 그러나, 위 '재계약'과 '합의'에 대해서는 엄격하게 해석할 필요가 있다. 임차인이 계약갱신요구권을 행사한 후 신규임대차계약의 형식을 취하더라도 이는 재계약이 아닌 계약의 갱신으로 보며, 이러한 재계약 시 차임증액 한도를 초과한 재계약을 하였더라도 그 초과하는 부분에 대하여 무효이고, 임차인은 초과 지급된 차임에 대하여 부당이득반환 청구를 할 수 있다(대법원 2014.4.30. 선고 2013다35115 판결).

2. 권리금

가. 개요

1) 권리금이란 신규임차인이 기존임차인에게 영업시설, 인허가권, 거래처 등 유형, 무형의 자산을 양수하는 대가로 지급하는 것이므로, 원칙적으로 임대인과는 무관하다. 그러나 기존임차인이 신규임차인과 권리금계약을 체결하였음에도 불구하고, 임대인이 기존임차인의 권리금 회수를 방해한다면 기존임차인은 상당한 경제적 손해를 입게 되는바, 상가건물임대차보호법에서는 다음과 같이 권리금 회수의 기회를 보호하고 있다.

2) 또한 상임법상 계약갱신요구가 가능한 전체 임대차기간이 지나 계약갱신요구권을 행사할 수 없는 경우에도 권리금 회수 기회를 보호해야 한다.

대법원 2019. 5. 16. 선고 2017다225312, 2017다225329 판결

갑이 을과 상가 임대차계약을 체결한 다음 상가를 인도받아 음식점을 운영하면서 2회에 걸쳐 계약을 갱신하였고, 최종 임대차기간이 만료되기 전 병과 권리금 계약을 체결한 후 을에게 병과 새로운 임대차계약을 체결하여 줄 것을 요청하였으나, 을이 노후화된 건물을 재건축하거나 대수선할 계획을 가지고 있다는 등의 이유로 병과의 임대차계약 체결에 응하지 아니한 사안에서, 갑이 구 상가건물 임대차보호법(2018. 10. 16. 법률 제15791호로 개정되기 전의 것) 제10조의4 제1항에 따라 임대차기간이 끝나기 3개월 전부터 임대차 종료 시까지 신규임차인을 주선하였으므로, 을은 정당한 사유 없이 신규임차인과 임대차계약 체결을 거절해서는 안 되고, 이는 갑과 을 사이의 전체 임대차기간이 5년을 지난 경우에도 마찬가지인데도, 갑이 병과 권리금 계약을 체결할 당시 더 이상 임대차계약의 갱신을 요구할 수 없었던 상황이었으므로 을이 권리금 회수기회 보호의무를 부담하지 않는다고 본 원심판단에 법리오해의 잘못이 있다고 한 사례.

3) 임차인이 임대인에게 권리금 회수 방해로 인한 손해배상을 구하기 위해서는 원칙적으로 임차인이 신규임차인이 되려는 자를 주선하였어야 한다.

4) 그러나 임대인이 정당한 사유 없이 임차인이 신규임차인이 되려는 자를 주선하더라도 그와 임대차계약을 체결하지 않겠다는 의사를 확정적으로 표시하였다면 이러한 경우에까지 임차인에게 신규임차인을 주선하도록 요구하는 것은 불필요한 행위를 강요하는 결과가 되어 부당하다.

5) 이와 같은 특별한 사정이 있다면 임차인이 실제로 신규임차인을 주선하지 않았더라도 임대인의 위와 같은 거절행위는 상가임대차법 제10조의4 제1항 제4호에서 정한 거절행위에 해당한다고 보아야 한다. 따라서 임차인은 같은 조 제3항에 따라 임대인에게 권리금 회수 방해로 인한 손해배상을 청구할 수 있다.

6) 이때 권리금 회수 방해를 인정하기 위하여 반드시 임차인과 신규임차인이 되려는 자 사이에 권리금 계약이 미리 체결되어 있어야 하는 것은 아니다.

나. 권리금의 보호 방법

1) 임대인은 임대차기간이 끝나기 6개월 전부터 임대차 종료 시까지 권리금 계약에 따라 임차인이 주선한 신규임차인이 되려는 자로부터 권리금을 지급받는 것을 방해하여서는 아니 된다. 다만, 3기 이상의 차임 연체 등 임대차계약 갱신거절 사유 중 어느 하나에 해당하는 사유가 있는 경우에는 권리금 회수의 기회도 보호받지 못한다.

2) 임대인이 임차인의 권리금 회수 기회를 방해하는 행위로 보는 것은 아래와 같다.

① 임차인이 주선한 신규임차인이 되려는 자에게 권리금을 요구하거나 임차인이 주선한 신규임차인이 되려는 자로부터 권리금을 수수하는 행위
② 임차인이 주선한 신규임차인이 되려는 자로 하여금 임차인에게 권리금을 지급하지 못하게 하는 행위
③ 임차인이 주선한 신규임차인이 되려는 자에게 상가건물에 관한 조세, 공과금, 주변 상가건물의 차임 및 보증금, 그 밖의 부담에 따른 금액에 비추어 현저히 고액의 차임과 보증금을 요구하는 행위
④ 그 밖에 정당한 사유 없이 임대인이 임차인이 주선한 신규임차인이 되려는 자와 임대차계약의 체결을 거절하는 행위

3) 위 네 가지 항목 중 실무상 가장 문제가 되는 것은 ③번으로, 임대인은 10년 간의 계약갱신요구권과 차임 증액의 제한을 감안하여 신규임차인과 계약 시 기존 임대차계약 보다 보증금과 차임을 상당히 높게 책정하는 경우가 많고, 이로 인해 신규임차인이 임대차계약을 포기하면 기존임차인은 권리금 회수 기회를 상실하게 되므로, 권리금 상당의 손해배상 청구를 고려하게 된다.

4) 임대인이 새로운 임차인에게 요구하는 차임과 보증금이 '현저히' 높은 것인지는 사안마다 해당 부동산의 조건이 다르므로 일률적으로 말하긴 어려우나 대략 20~30% 정도의 증액은 10년간 계약갱신요구권이 있는 점 등을 감안하여 '현저히' 높다고 보지 않는 경우가 많다고 보여진다.

5) 권리금 상당의 손해배상이 인정될 경우 임대인이 임차인에게 지급해야 할 손해배상액은 신규임차인이 임차인에게 지급하기로 한 권리금과 임대차 종료 당시의 권리금 중 낮은 금액으로 하는데, 임대차 종료 당시의 권리금은 별도로 감정인을 선정하고 주변 시세 등을 고려하여 산출하는 경우가 많다.

6) 따라서 임차인은 권리금계약을 체결하더라도 임대인의 방해 행위로 추후 손해배상 소송에 이를 경우를 대비하여, 임대차기간이 끝나기 6개월 전부터 임대차 종료일까지 사이에 권리금계약을 체결하고 그 권리금계약서와 함께 신규임차인의 자력을 증빙할 수 있는 자료(권리금과 임차보증금을 합한 금액 이상의 예금잔액증명서, 부동산등기부등본 등)를 첨부하여 임대인에게 새로운 임대차계약을 체결할 것을 요구해야 한다.

7) 한편 임대인이 임대차 목적물인 상가건물을 1년 6개월 이상 영리목적으로 사용하지 아니한 경우에는 신규임차인이 되려는 자와 임대차계약 체결을 거절할 정당한 이유가 있는 것으로 보는데, 이때 종전 소유자인 임대인이 임대차 종료 후 상가건물을 영리목적으로 사용하지 아니한 기간이 1년 6개월에 미치지 못하는 사이에 상가건물의 소유권이 변동되었더라도, 임대인이 상가건물을 영리목적으로 사용하지 않는 상태가 새로운 소유자의 소유기간에도 계속하여 그대로 유지될 것을 전제로 처분하고, 실제 새로운 소유자가 그 기간 중에 상가건물을 영리목적으로 사용하지 않으며, 임대인과 새로운 소유자의 비영리 사용기간을 합쳐서 1년 6개월 이상이 되는 경우라면, 임대인에게 임차인의 권리금을 가로챌 의도가 있었다고 보기 어려우므로, 그러한 임대인에 대하여는 이 사건 조항에 의한 정당한 사유를 인정할 수 있다.

8) 건물 내구연한 등에 따른 철거·재건축의 필요성이 객관적으로 인정되지 않거나 그

계획·단계가 구체화되지 않았는데도 임대인이 신규 임차인이 되려는 사람에게 짧은 임대 가능기간만 확정적으로 제시·고수하는 경우 또는 임대인이 신규 임차인이 되려는 사람에게 고지한 내용과 모순되는 정황이 드러나는 등의 특별한 사정이 없는 한, 임대인이 신규 임차인이 되려는 사람과 임대차계약 체결을 위한 협의 과정에서 철거·재건축 계획과 그 시점을 고지하였다는 사정만으로는 권리금 회수 방해행위에 해당한다고 볼 수 없다.

9) 그리고 권리금 상당의 손해배상 청구권은 임대차계약이 종료한 날로부터 3년이 지나면 시효의 완성으로 소멸한다.

다. 권리금 적용의 예외

1) 임대차 목적물인 상가건물이 「유통산업발전법」 제2조에 따른 대규모점포 또는 준대규모점포의 일부인 경우에는 권리금 회수 기회의 보호 대상이 아니다.

2) 여기서 대규모점포란 용역의 제공장소를 제외한 매장 면적의 합계가 3천 제곱미터 이상인 점포의 집단으로 대형마트, 쇼핑센터 등을 말하고, 준대규모 점포란 대규모 점포를 경영하는 회사 또는 그 계열회사(「독점규제 및 공정거래에 관한 법률」에 따른 계열회사를 말한다)가 직영하는 점포 또는 직영점형 체인사업 등을 말한다(자세한 분류는 유통산업발전법 참조).

소 장

원 고 ○○○
　서울특별시 마포구 신수로 ○○○
　(전화 02-1234-5678, 핸드폰 010-1234-0000)

피 고 ○○○
　서울 마포구 어울마당로 ○○○

손해배상(기) 청구의 소

청 구 취 지

1. 피고는 원고에게 50,000,000원 및 이에 대하여 이 사건 소장 부본 송달일 다음날부터 다 갚는 날까지 연 12%의 비율에 의한 금원을 지급하라.
2. 소송비용은 피고가 부담한다.
3. 제1항은 가집행 할 수 있다.
라는 판결을 구합니다.

청 구 원 인

1. 당사자 관계

　원고는 '서울 마포구 신수로 ○○○(이하 '이 사건 건물'이라 합니다)'에 관하여 아래에서 보는 바와 같은 내용의 임대차계약을 체결한 임차인이고, 피고는 2016. 7. 1. 이 사건 건물에 관하여 소유권을 취득한 자입니다.

2. 기초 사실

가. 이 사건 임대차계약의 체결 및 피고의 임대차계약 승계

　원고는 2015. 12. 1. 이 사건 건물의 전(前)소유자인 소외 ***와 사이에 임대차보증금을 20,000,000원으로, 월차임을 2,200,000원(부가가치세 포함, 매월 30일 후불지급)으로, 임대차기간을 2015. 11. 1.부터 2017. 11. 30.까지로 하는 임대차계약(이하 '이 사건 임대차계약'이라 합니다)을 체결하고 위 건물에서 학원을 운영하였습니다.

이후 피고는 이 사건 건물에 관한 소유권을 취득하면서 이 사건 임대차계약에 관한 권리·의무를 승계하였습니다.

나. 이 사건 임대차기간의 만료 및 갱신거절

위에서 본 바와 같이 이 사건 임대차계약은 2017. 11. 30.에 만료되는바, 이에 피고는 2017. 10.경 원고에게 새로 작성한 임대차계약서를 제시하면서 "원고의 계약갱신요구권은 최초의 임대차기간을 포함한 전체 임대차기간이 5년을 초과하지 아니하는 범위 내에서 가능하므로, 위 기간만료일 다음날인 2017. 12. 1.부터 위 5년의 만기일인 2018. 6. 25.까지로 하는 임대차계약을 새로 체결하여 이 사건 임차계약을 갱신할 것인지 여부에 대해 알려 달라"고 말하였습니다.

이에 원고는 고심 끝에 이 사건 임대차계약의 기간이 만료되는 대로 피고와의 계약관계를 종료하고, 이 사건 건물에 관한 신규임차인으로부터 권리금을 지급 받고 원고가 운영하는 학원 시설 일체를 양도하기로 결정하였으며, 이에 따라 피고가 제시한 위 임대차계약서에 날인하지 아니하였습니다.

3. 이 사건 권리금 상당의 손해배상 청구

가. 원고의 신규임차인 주선 및 피고의 거절

1) 이후 원고는 2017. 10. 26. 신규임차인이 되려는 소외 ***와 사이에 이 사건 건물을 ***가 임차할 수 있도록 원고가 주선하고 권리금을 50,000,000원으로 하는 내용의 권리금계약을 체결하고, 같은 날 피고에게 ① 2017. 11. 10.까지 신규임차인과 이 사건 건물에 관한 새로운 임대차계약을 체결하여 줄 것을 요청하면서, ② 신규임차인이 되려는 자인 위 ***의 보증금 및 차임을 지급할 자력 또는 그 밖에 임차인으로서의 의무를 이행할 의사 및 능력에 관하여, ***가 소유하고 있는 부동산에 관한 등기사항전부증명서, *** 명의 농협은행 계좌의 예금잔액증명서를 첨부하는 등 원고가 알고 있는 정보를 제공하였으며(상가건물 임대차보호법 제10조의4 제5항), ③ 원고의 권리금계약은 위 새로운 임대차계약의 체결 여부에 달려있으므로, 그 체결 의사를 본 내용증명 수령일로부터 5일 이내에 밝혀 줄 것을 요구하는 내용의 내용증명을 발송하였고, 이는 같은 해 10. 27. 피고에게 도달하였습니다.

2) 이에 피고는 원고에게 신규임차인의 실존 여부를 확인해 줄 것과 권리금계약의 지급자료 및 신규임차인이 학원을 운영하는지 여부를 확인할 수 있는 자료를 제시하여 달라고 요구하였으며, 원고는 2017. 11. 14. 피고와 위 신규 임대차계약에 관하여 상의하였습니다.

그러나 피고는 "*********"라고 말하는 등, 현재 임차인인 원고에게 책임이 없는 부분을 이야기하면서 신규임차인과의 임대차계약을 체결하지 아니하려는 의사를 표명하였습니다.

3) 신규임차인이 되려는 위 ***는 수일에 걸쳐 고심한 끝에 이 사건 건물에 관한 임대차계약의 체결을 포기하기에 이르렀고, 결국 원고와 *** 사이에 체결한 권리금계약은 파기되었습니다.

나. 피고의 권리금회수 방해에 따른 손해배상책임

위에서 본 바와 같이, 피고는 원고로부터 이 사건 임대차계약을 갱신할 의사가 없다는 사실 및 원고가 2017. 10. 26. 신규임차인이 되려는 소외 ***와 사이에 이 사건 건물을 ***가 임차할 수 있도록 원고가 주선하고 권리금을 50,000,000원으로 하는 내용의 권리금계약을 체결하였다는 사실을 내용증명을 통해 인지하고 있었습니다.

그러나 피고는 위 신규임차인이 되려는 ***에게 기존의 월차임에서 1,000,000원을 증액한 월차임을 제시하였는바, 이는 기존의 월차임보다 무려 50% 인상된 액수입니다.

결국 피고는 위와 같은 조건을 일관되게 제시함으로써 신규임차인이 되려는 자로 하여금 임대차계약의 체결을 단념토록 하였습니다.

이와 같이 피고는 상가건물 임대차보호법 제10조의4 제1항 제4호 소정의 '정당한 사유 없이 임대인이 임차인이 주선한 신규임차인이 되려는 자와 임대차계약의 체결을 거절하는 행위'를 함으로써 원고가 권리금을 지급받는 것을 방해하고, 그로 인하여 원고에게 손해를 가하였다 할 것입니다.

다. 손해배상의 범위

위에서 본 바와 같이 임대인인 피고가 임차인인 원고로 하여금 신규임차인이 되려는 자로부터 권리금을 지급받는 것을 방해함으로써 원고에게 손해를 발생하게 한 때에는 그 손해를 배상할 책임이 있고, 이 경우 그 손해배상액은 신규임차인이 임차인에게 지급하기로 한 권리금과 임대차 종료 당시의 권리금 중 낮은 금액을 넘지 못하는바 (상가건물 임대차보호법 제10조의4 제3항), 신규임차인이 되려는 ***가 원고에게 지급하기로 한 권리금은 50,000,000원 점은 앞서 본 바와 같으므로, 우선 위 권리금을 청구금액으로 하되, 추후 이 사건 임대차 종료 당시의 권리금에 관한 감정을 통해 이 사건 청구취지 금액을 변경하겠습니다.

4. 결론

이상과 같은 이유로 원고는 위와 같은 손해배상을 청구하기 위하여 이 사건 소를 제기하기에 이르렀습니다.

입 증 방 법

1. 갑 제1호증　등기사항전부증명서(이 사건 건물)
1. 갑 제2호증　부동산임대차계약서
1. 갑 제3호증　부동산임대차계약서(피고 제안)
1. 갑 제4호증의1　　내용증명
1. 갑 제4호증의2　　상가건물 임대차 권리금계약서
1. 갑 제4호증의3　　등기사항전부증명서(*** 소유)
1. 갑 제4호증의4　　예금잔액증명서(***)
1. 갑 제4호증의5　　배송진행상황
1. 갑 제5호증　녹취록
1. 갑 제6호증　문자메시지(***)

첨 부 서 류

1. 위 각 입증방법　1부

　　2023.　1.　1.

위 원고　홍길동

서울서부지방법원 귀중

제6장

임대차계약의 해지

1. 차임연체로 인한 해지

1) 임차인의 차임연체액이 3기의 차임액에 달하는 때에는 임대인은 계약을 해지할 수 있다(상임법 제10조의8).

2) 상가건물의 임차인이 갱신 전부터 차임을 연체하기 시작하여 갱신 후에 차임연체액이 3기의 차임액에 이른 경우에도 임대차계약의 해지사유인 '임차인의 차임연체액이 3기의 차임액에 달하는 때'에 해당한다고 볼 수 있다고 하겠으므로, 특별한 사정이 없는 한 임대인은 차임연체를 이유로 갱신된 임대차계약을 해지할 수 있다고 보여진다.

3) 임차인이 아무리 연체를 자주 했더라도 3기의 차임액에 이르지 않았다면 차임연체를 이유로 임대차계약을 해지할 수 없고, 3기의 차임액이 연체되었다고 해도 자동으로 임대차계약이 해지되는 것은 아니므로, 3기의 차임액이 연체된 상태에서 임대인의 해지통지가 임차인에게 도달하여야 한다.

4) 따라서, 차임연체액이 3기의 차임액에 달하였으나 임대인의 해지통지가 임차인에게 도달되기 전에 임차인이 연체차임을 변제하였다면 임대차계약을 해지할 수 없으나, 임대차계약의 갱신을 거절할 수는 있다.

5) 차임을 1년 단위로 지급하기로 약정한 상가건물 임대차계약의 경우 임차인이 3년분 이상의 차임을 연체하여야 임대인은 임대차계약을 해지할 수 있다.

6) 통상 해지통지는 그 내용과 도달여부를 증빙하기 위해 내용증명 우편으로 하나, 통지 방법에 제한이 있는 것은 아니므로, 핸드폰 문자메시지 등으로 통지한 경우에도 특별한 사정이 없는 한 유효한 해지통지로 인정되고 있다.

7) 공유자가 공유물을 타인에게 임대하는 행위 및 그 임대차계약을 해지하는 행위는 공유물의 관리행위에 해당하므로 민법 제265조 본문에 의하여 공유자의 지분의 과반수로써 결정하여야 한다. 상가건물 임대차보호법이 적용되는 상가건물의 공유자인 임대인이 같은 법 제10조 제4항에 의하여 임차인에게 갱신 거절의 통지를 하는 행위는 실질적으로 임대차계약의 해지와 같이 공유물의 임대차를 종료시키는 것이므로 공유물의 관리행위에 해당하여 공유자의 지분의 과반수로써 결정하여야 한다.(대법원 2010. 9. 9. 선고 2010다37905 판결)

8) 한편 임대인과 임차인이 연체 차임과 관련하여 민법상 변제충당과 다른 약정을 체결하였더라도 그것이 임차인에게 불리한 경우에는 효력을 인정할 수 없고, 이 경우에는 상가임대차법 제10조의9의 규정에 반하지 않는 범위 내에서만 민법상 변제충당 규정이 적용된다. 따라서 임차인의 변제제공이 연체 차임액 전부에 미치지 못할 경우에는 임차인이 지정변제충당(민법 제476조 제1항)을 할 수 있으나, 임대인의 지정변제충당(민법 제476조 제2항)이 상가임대차법 제10조의9에 반하는 경우에는 이를 적용할 수 없고, 임차인의 변제제공 당시를 기준으로 민법 제477조의 법정변제충당의 순서에 따라 변제충당의 효력이 발생할 뿐이다.

2. 기타 해지 사유

1) 임차인이 임대인의 동의 없이 임차 건물을 타인에게 전대하는 경우 임대인은 임대차계약을 해지할 수 있고(민법 제629조), 불법 개조 또는 증축을 하는 경우에는 상가건물임대차보호법 제10조 제1항 제8호에 해당되어 갱신을 거절할 수 있을 뿐이나, 보통 임대차계약서에 '임대인의 동의 없이 부동산의 용도나 구조를 변경하는 경우

임대차계약을 해지할 수 있다'는 조항이 기재되어 있으므로, 위 계약의 위반을 사유로 임대차계약을 해지할 수 있다.

2) 또한 명문의 규정이나 약정이 없다고 하더라도, 임차인이 임대인에게 형사법 위반 행위를 가한 경우, 사정변경 내지 신의칙에 따른 해지권도 발생한다고 볼 것이다.

3) 차임연체와 마찬가지로 위와 같은 사유가 발생했다고 하여 자동으로 임대차계약이 해지되는 것은 아니고 임대인이 임차인에게 해지 통지 또는 갱신거절의 통지를 하고 그 통지가 도달해야 효력이 발생한다.

4) 나아가 임차인은 「감염병의 예방 및 관리에 관한 법률」 제49조 제1항 제2호에 따른 집합 제한 또는 금지 조치(같은 항 제2호의2에 따라 운영시간을 제한한 조치를 포함한다)를 총 3개월 이상 받음으로써 발생한 경제사정의 중대한 변동으로 폐업한 경우에는 임대차계약을 해지할 수 있으며, 이러한 사유를 근거로 한 해지는 임대인이 계약해지의 통고를 받은 날부터 3개월이 지나면 효력이 발생한다.

3. 임대차보증금의 반환

1) 임대차계약에서 임대차보증금은 임대차계약 종료 후 목적물을 임대인에게 인도할 때까지 발생하는 임대차에 따른 임차인의 모든 채무를 담보하는 것으로서 피담보채무 상당액은 임대차관계의 종료 후 목적물이 반환될 때에 특별한 사정이 없는 한 별도의 의사표시 없이 보증금에서 당연히 공제되므로 임대인은 임대차보증금에서 피담보채무를 공제한 나머지만을 임차인에게 반환할 의무가 있다. 이 경우 임대차보증금에서 피담보채무 등을 공제하려면 임대인은 피담보채무인 연체차임, 연체관리비 등을 임대차보증금에서 공제하여야 한다는 주장을 해야 하고, 임대차보증금에서 공제될 차임채권, 관리비채권 등의 발생 원인에 관하여 주장·증명을 해야 한다. 다만 그 발생한 채권이 변제 등의 이유로 소멸하였는지에 관하여는 임차인이 주장·

증명책임을 부담한다. (그러나 임대차계약과 별도로 이루어진 약정 등에 기하여 발생하는 임차인의 채무에 대하여 임대인이 반환할 임대차보증금에서 당연히 공제할 수는 없음을 유의하여야 한다)

2) 임차인이 계약종료 후에도 건물을 계속 사용하고 있고 임대인도 보증금을 반환하지 않은 채 거기에서 향후 임료 상당액을 공제하는 관계라면 부가가치세의 과세대상인 용역의 공급에 해당하므로, 차임에 대한 부가가치세 상당액을 임차인이 부담하기로 하는 약정이 있었다면, 특별한 사정이 없는 한 임대차계약 종료 후의 계속점유를 원인으로 지급되는 차임 상당 부당이득에 대한 부가가치세 상당액도 임차인이 부담하여야 하므로, 부가가치세 상당액도 보증금에서 공제될 대상이라고 보여진다.

3) 건물의 공유자가 공동으로 건물을 임대하고 임차보증금을 수령한 경우 특별한 사정이 없는 한 그 임대는 각자 공유지분을 임대한 것이 아니라 임대목적물을 다수의 당사자로서 공동으로 임대한 것이고 임차보증금 반환채무는 성질상 불가분채무에 해당한다. 임차인이 공유자 전원으로부터 상가건물을 임차하고 상가건물 임대차보호법 제3조 제1항에서 정한 대항요건을 갖추어 임차보증금에 관하여 우선변제를 받을 수 있는 권리를 가진 경우에, 상가건물의 공유자 중 1인인 채무자가 처분한 지분 중에 일반채권자들의 공동담보에 제공되는 책임재산은 우선변제권이 있는 임차보증금 반환채권 전액을 공제한 나머지 부분이다.

4) 한편 차임지급채무는 그 지급에 확정된 기일이 있는 경우에는 그 지급기일 다음 날부터 지체책임이 발생하고 보증금에서 공제되었을 때 비로소 그 채무 및 그에 따른 지체책임이 소멸되는 것이므로, 연체차임에 대한 지연손해금의 발생종기는 다른 특별한 사정이 없는 한 임대차계약의 해지 시가 아니라 목적물이 반환되는 때라고 할 것이다.

※ 서식. 임대차계약 해지 통지 내용증명

수　신: 서울 서초구 법원로 000
　　　　홍길동
발　신: 서울 서초구 서초중앙로 154
　　　　김철중
제　목: **임대차계약 해지 통지**

1. 위 발신인은 수신인 운영 중인 '000마트' 건물의 소유자 겸 임대인으로 본 내용증
　　명을 발송합니다.

2. 수신인은 본 해지통지서 발송일 현재 3기 이상의 차임을 연체하였는바, 발신인은
　　전항의 건물에 관한 임대차계약의 해지를 통지합니다.

3. 따라서, 수신인은 조속히 위 건물을 원상회복하여 임대인에게 인도하여 주시기
　　바랍니다.

4. 위 원상회복에는 임차인이 임의로 설치한 덕트, 간이칸막이, 000, 000 등의 철거
　　가 포함되며, 단 일상마모가 일어난 바닥재의 복구까지는 면책하도록 하겠습니다.

2022년 6월 2일

발신인 김철중 (인)

제7장

전대차

1. 상가건물임대차보호법의 적용

상가건물임대차보호법 중 계약갱신요구권(제10조), 차임연체와 해지(제10조의8) 등은 전대인과 전차인의 관계에도 적용한다.

2. 무단전대

1) 임대인의 동의가 없는 무단전대라도 임차인(전대인)과 전차인 사이의 전대차계약은 유효하나, 전차인은 임대인에게 대항할 수 없고, 임대인은 무단전대를 사유로 임대차계약을 해지할 수 있다. 그러나 임차인이 비록 임대인으로부터 별도의 승낙을 얻지 아니하고 제3자에게 임차물을 사용·수익하도록 한 경우에 있어서도, 임차인의 당해 행위가 임대인에 대한 배신적 행위라고 할 수 없는 특별한 사정이 인정되는 경우에는, 임대인은 자신의 동의 없이 전대차가 이루어졌다는 것만을 이유로 임대차계약을 해지할 수 없으며, 전차인은 그 전대차나 그에 따른 사용·수익을 임대인에게 주장할 수 있다 할 것이다(대법원 2007. 11. 29. 선고 2005다64255 판결).

2) 예를 들어 임차인이 자신의 명의로 임대차계약 및 사업자등록을 하고 운영하던 중 자신의 명의로 운영하지 못할 불가피한 사정으로 자신의 배우자와 전대차계약을 체결한 후 그 배우자가 사업자등록 및 운영을 했다고 하여 이를 임대인의 대한 배신적 행위라고 할 수는 없을 것이다.

3) 임차인이 무단으로 전대를 한 경우 임대인은 임대차계약을 해지하지 않더라도 소유권에 기한 물권적 청구권으로 전차인에게 방해배제를 청구를 할 수 있는데, 임대차계약이 유지되고 있는 한 임대인에게 직접 인도하도록 청구할 수는 없고 임차인에게 반환하도록 청구할 수 있다.

4) 임차인이 불법 전대를 한 후 전차인으로부터 차임을 지급받으면서 임대인에게 차임을 지급하지 않더라도 임대인이 전차인에게 차임을 직접 청구할 수는 없으나 차임 상당의 부당이득반환은 청구할 수 있다.

3. 임대인의 동의를 받은 전대차

1) 임대인의 동의를 얻어 전대차계약을 체결한 후 임대인과 임차인이 전차인의 동의 없이 임대차관계를 종료시키면 이는 신의칙에 반하므로, 임대인과 임차인의 합의로 임대차계약을 종료시키더라도 전차인의 권리는 소멸하지 않는다(민법 제631조).

2) 임대인의 동의를 얻어 전대차계약을 체결한 경우 임대인이 전차인에게 직접 차임을 지급할 것을 청구하면 전차인은 임대인에게 차임을 지급해야 한다(대법원 2018. 7. 11. 선고 2018다200518 판결).

3) 전차인은 임대차계약상의 차임의 범위 내에서 전대차계약상의 차임을 임대인에게 직접 지급할 의무를 부담하고, 전차인과 임차인 사이에 전대차계약상의 차임이 감액되었다면, 특별한 사정이 없는 한 그와 같이 감액된 차임을 임대인에게 지급할 의무를 부담한다. 또한 전차인이 임대차종료 후 전차한 건물의 인도 시까지 원고에게 반환하여야 할 차임 상당 부당이득액도 부당이득 당시의 실제 차임이 산정되지 않는 한 감액된 차임을 기준으로 할 것이지 감액 전 차임을 기준으로 할 것이 아니다(대법원 2018. 7. 11. 선고 2018다200518 판결).

4) 임대차계약이 해지 통고로 인하여 종료된 경우에 그 임대물이 적법하게 전대되었을 때에는 임대인은 전차인에 대하여 그 사유를 통지하지 아니하면 해지로써 전차인에게 대항하지 못하고, 전차인이 통지를 받은 때에는 토지, 건물 기타 공작물에 대하여는 임대인이 해지를 통고한 경우에는 6월, 임차인이 해지를 통고한 경우에는 1월, 동산에 대하여는 5일이 경과하면 해지의 효력이 생긴다고 할 것이지만, 민법 제640조에 터 잡아 임차인의 차임연체액이 2기의 차임액에 달함에 따라 임대인이 임대차계약을 해지하는 경우에는 전차인에 대하여 그 사유를 통지하지 않더라도 해지로써 전차인에게 대항할 수 있고, 해지의 의사표시가 임차인에게 도달하는 즉시 임대차관계는 해지로 종료된다(대법원 2012. 10. 11. 선고 2012다55860 판결).

제8장

강행규정

1) 상가건물임대차보호법은 강행규정이므로 이에 위반하여 임차인에게 불리한 약정은 효력이 없음에도 불구하고, 당사자 또는 중개인의 법리 오해로 임대차계약 체결 시 잘못된 특약을 기재하는 사례가 많다.

2) 예컨대 '2기의 차임이 연체되면 임대차계약은 해지된다'와 같은 문구를 임대차계약서에 기재하는 경우가 많은데, 이는 상가건물임대차보호법에서 정한 3기보다 짧아 임차인에게 불리하므로 효력이 없으며, 상가임대차계약에 있어서 "임대차기간 중에 당사자의 일방이 차임을 변경하고자 할 때에는 상대방의 동의를 얻어야 하고, 그 동의가 없는 경우에는 상가건물 임대차보호법 제11조에 의하여 차임의 증감을 청구하여야 한다. 그렇지 아니하고 임대차계약에 있어서 임대인이 일방적으로 차임을 인상할 수 있고 상대방은 이의를 할 수 없다"고 약정하였다면, 이는 위 상가임대차보호법 제11조에 위반하는 약정으로서 임차인에게 불리한 것이므로 효력이 없다.

3) 따라서 임대인의 입장에서는 임대차계약 체결 시 자신이 요구하고 싶은 내용을 넣기 위해 또는 추후 차임 연체 등의 문제가 발생했을 때 소송 없이 즉시 인도집행을 하기 위해 제소전화해를 신청하는 경우가 많다.

4) 물론 제소전화해 신청을 하더라도 법원에서 강행법규에 위반되는 내용을 여과 없이 넣어주는 것은 아니지만, 강행법규에 위반되는 내용이라도 일단 제소전화해 조서에 기재되었다면 효력이 있다.

제9장

상가임대차계약서 작성 방법과 유의할 점

1) 가급적 공인중개사를 통해 작성하는 것이 안전하나 공인중개사가 작성하는 경우라도 의외로 당사자 확인을 미흡하게 하는 경우가 많다. 예를 들어 개인 사업자등록증을 가진 임차인을 기재하는데 임대차계약서에 사업자번호와 이름만 기재하여 임대인이 건물인도 소송 시 당사자 인적사항을 확인하느라 소송이 상당히 지연된 적이 있었다.

2) 대리인이 계약하는 경우에는 위임장과 위임인의 인감증명서 등을 확인하여 대리권이 있음을 확인해야 한다. 특히 주택이나 오피스텔 임대차계약의 경우 임대인이 소위 '월세계약'을 위임했는데, 대리인이 '전세계약'을 체결하고 전세금을 가로채는 사고가 자주 발생하고 있는바, 임대차계약서에 위임 서류를 첨부하여 수령하고 임대차보증금은 반드시 임대인(소유자)의 계좌로 입금해야 한다.

3) 위와 같이 대리권의 확인을 분명하게 한 경우에는 대리인이 임차보증금을 가로챈 경우라도 임대인에게 임차보증금 반환을 청구하여 승소할 가능성이 높고, 관련 법조문과 판례는 아래와 같다.

제126조(권한을 넘은 표현대리) 대리인이 그 권한외의 법률행위를 한 경우에 제삼자가 그 권한이 있다고 믿을 만한 정당한 이유가 있는 때에는 본인은 그 행위에 대하여 책임이 있다.

대법원 2009. 11. 12. 선고 2009다46828 판결

소외인이 원고로부터 이 사건 제1부동산의 매도를 위임받고 그 소유권이전등기에 필요한 서류와 인감도장을 모두 교부받아 소지한 채 이를 위 피고에게 제시하며 위 부동산을 처분할 대리권이 있음을 표명하고 나섰다면 일응 위 피고로서는 소외인에게 원고를 대리하여 이 사건 제1부동산을 대물변제나 양도담보로 제공할 권한이 있다고 믿을 만한 정당한 이유가 있었다 할 것이고, 소외인이 위 피고에 대하여 별건 부동산 매매대금채무를 부담하고 있었다 하여 더 나아가 원고에 대해 직접 대리권 수여 유무를 확인해보아야만 정당한 이유가 있다고 볼 것은 아니라 할 것이다.

4) 임대차계약서의 내용은 당사자가 합의하여 작성한 것이므로 원칙적으로 유효하다고 할 것이나, 상가건물임대차보호법이나 주택임대차보호법을 위반하는 조항은 강행규정 위반으로 그 효력이 없다 할 것이다.

5) 상가건물의 경우 고객이 이용할 수 있는 주차장이 필요할 수 있으므로 고객이 주차할 수 있는 공간을 특정하고 주차 가능한 대수도 기재하여야 분쟁을 미연에 방지할 수 있다.

6) 또한 임차인 입장에서는 특약사항 등으로 임차인이 상가건물을 인도받기 전까지 저당권 등을 설정하지 아니한다는 내용, 위와 같이 설정된 경우 계약을 해제하고 손해배상을 청구할 수 있다는 내용을 기재하는 것이 좋다.

7) 중개업자가 상가건물에 대한 임차권 양도계약을 중개할 때에는 의뢰인에게 중개대상물인 임차권의 존재와 내용에 관하여 확인·설명할 의무가 있으므로, 상가임대차계약을 중개하는 것에 준해서 임차권의 목적이 된 부동산의 등기부상 권리관계뿐만 아니라 의뢰인이 상가임대차법에서 정한 대항력, 우선변제권 등의 보호를 받을 수 있는 임대차에 해당하는지를 판단하는데 필요한 상가건물의 권리관계 등에 관

한 자료를 확인·설명하여야 할 의무가 있다. 그러므로 중개업자가 고의나 과실로 이러한 의무를 위반하여 의뢰인에게 재산상의 손해를 발생하게 한 때에는 이를 배상할 책임이 있다.

8) 나아가 임대인 입장에서 임차인의 업종을 제한하고자 할 경우 이에 대해서도 특약사항으로 기재해두어야 하며 업종 위반시 일정한 기간의 최고를 거쳐 계약을 해지할 수 있다는 내용도 부기해두어야 한다.

판례

대법원 2007. 9. 21. 선고 2006다63747 판결

피고 점포의 지정 업종인 '치킨판매 영업'은 '규모가 비교적 작은 접객시설 및 조리시설을 갖추고 닭을 여러가지 방법으로 조리하여 판매하되, 이에 부수하여 음료수와 맥주 등의 주류도 판매하는 영업으로서 한국표준산업분류표상 기타음식점업의 일종'이라 할 것이고, 한편 피고의 점포를 임차한 소외인은 코브라(생맥주를 일정 온도와 압력으로 유지시켰다가 병 등의 용기에 따를 수 있도록 하는 장치) 등과 같은 생맥주판매 시설을 구비하여 실질적으로 호프판매 영업을 하였고, 소외인이 위 영업을 그만둔 후에도 피고가 같은 영업을 할 의사를 가지고 있는 사실을 인정할 수 있는바, 이는 피고의 점포에 지정된 업종인 치킨판매 영업에 일반적으로 수반되는 맥주판매로서 호프판매 영업을 지정받은 점포를 소유한 원고가 거래관념상 통상적으로 수인하여야 할 정도를 넘은 것이라고 할 것이다.

9) 보다 안전하게 임대차계약서를 작성하기 위해서는, 법무부에서 배포하는 상가건물임대차 표준계약서를 기초로 하되, 부가될 내용은 특약 형태로 삽입하는 방식이 타당하다.

상가건물 임대차 표준계약서

☐ 보증금 있는 월세
☐ 전세   ☐ 월세

임대인(이름 또는 법인명 기재)과 임차인(이름 또는 법인명 기재)은 아래와 같이 임대차 계약을 체결한다

[임차 상가건물의 표시]

소재지					
토 지	지목		면적		m²
건 물	구조·용도		면적		m²
임차할부분			면적		m²

유의사항: 임차할 부분을 특정하기 위해서 도면을 첨부하는 것이 좋습니다.

[계약내용]

제1조(보증금과 차임 및 관리비) 위 상가건물의 임대차에 관하여 임대인과 임차인은 합의에 의하여 보증금과 차임 및 관리비를 아래와 같이 지급하기로 한다.

보증금	금		원정(₩		)
계약금	금	원정(₩	)은 계약시에 지급하고 수령함. 수령인 (인)		
중도금	금	원정(₩	)은 ____년 ____월____일에 지급하며		
잔 금	금	원정(₩	)은 ____년 ____월____일에 지급한다		
차임(월세) (입금계좌:	금	원정(₩	)은 매월 일에 지급한다. 부가세 ☐ 불포함 ☐ 포함)		
환산보증금	금		원정(₩	)	
관 리 비	(정액인 경우) 총액 금 원정(\ )				
	월 10만원 이상인 경우 세부금액 기재				
	1. 일반관리비 금 원정(\ )		2. 전기료 금 원정(\ )		
	3. 수도료 금 원정(\ )		4. 가스 사용료 금 원정(\ )		
	5. 수선·유지비 금 원정(\ )		6. 청소비 금 원정(\ )		
	7. 충당금 금 원정(\ )		8. 기타관리비 금 원정(\ )		
	(정액이 아닌 경우)				
	관리비의 항목 및 산정방식을 기재(예: 점포/호실별 사용량 비례, 점포/호실수 비례)				
	(임차인이 직접 납부하는 공과금이 있는 경우)				
	임차인이 직접 납부하는 공과금을 기재(예: 전기료, 수도료는 임차인이 별도로 직접 납부한다.)				

유의사항: ① 당해 계약이 환산보증금을 초과하는 임대차인 경우 확정일자를 부여받을 수 없고, 전세권 등을 설정할 수 있습니다 ② 보증금 보호를 위해 등기사항증명서, 미납국세, 상가건물 확정일자 현황 등을 확인하는 것이 좋습니다 ※ 미납국세·선순위확정일자 현황 확인방법은 "별지" 참조

제2조(임대차기간) 임대인은 임차 상가건물을 임대차 목적대로 사용·수익할 수 있는 상태로 ____년 ____월 ____일까지 임차인에게 인도하고, 임대차기간은 인도일로부터 ____년 ____월 ____일까지로 한다.

제3조(임차목적) 임차인은 임차 상가건물을 _____(업종)을 위한 용도로 사용한다.

제4조(사용·관리·수선) ① 임차인은 임대인의 동의 없이 임차 상가건물의 구조.용도 변경 및 전대나 임차권 양도를 할 수 없다.

② 임대인은 계약 존속 중 임차 상가건물을 사용·수익에 필요한 상태로 유지하여야 하고, 임차인은 임대인이 임차 상가건물의 보존에 필요한 행위를 하는 때 이를 거절하지 못한다.

③ 임차인이 임대인의 부담에 속하는 수선비용을 지출한 때에는 임대인에게 그 상환을 청구할 수 있다.

제5조(계약의 해제) 임차인이 임대인에게 중도금(중도금이 없을 때는 잔금)을 지급하기 전까지, 임대인은 계약금의 배액을 상환하고, 임차인은 계약금을 포기하고 계약을 해제할 수 있다.

제6조(채무불이행과 손해배상) 당사자 일방이 채무를 이행하지 아니하는 때에는 상대방은 상당한 기간을 정하여 그 이행을 최고하고 계약을 해제할 수 있으며, 그로 인한 손해배상을 청구할 수 있다. 다만, 채무자가 미리 이행하지 아니할 의사를 표시한 경우의 계약해제는 최고를 요하지 아니한다.

제7조(계약의 해지) ① 임차인은 본인의 과실 없이 임차 상가건물의 일부가 멸실 기타 사유로 인하여 임대차의 목적대로 사용, 수익할 수 없는 때에는 임차인은 그 부분의 비율에 의한 차임의 감액을 청구할 수 있다. 이 경우에 그 잔존부분만으로 임차의 목적을 달성할 수 없는 때에는 임차인은 계약을 해지할 수 있다.

② 임대인은 임차인이 3기의 차임액에 달하도록 차임을 연체하거나, 제4조 제1항을 위반한 경우 계약을 해지할 수 있다.

제8조(계약의 종료와 권리금회수기회 보호) ① 계약이 종료된 경우에 임차인은 임차 상가건물을 원상회복하여 임대인에게 반환하고, 이와 동시에 임대인은 보증금을 임차인에게 반환하여야 한다.

② 임대인은 임대차기간이 끝나기 6개월 전부터 임대차 종료 시까지 「상가건물임대차보호법」 제10조의4 제1항 각 호의 어느 하나에 해당하는 행위를 함으로써 권리금 계약에 따라 임차인이 주선한 신규임차인이 되려는 자로부터 권리금을 지급받는 것을 방해하여서는 아니 된다. 다만, 「상가건물임대차보호법」 제10조 제1항 각 호의 어느 하나에 해당하는 사유가 있는 경우에는 그러하지 아니하다.

③ 임대인이 제2항을 위반하여 임차인에게 손해를 발생하게 한 때에는 그 손해를 배상할 책임이 있다. 이 경우 그 손해배상액은 신규임차인이 임차인에게 지급하기로 한 권리금과 임대차 종료 당시의 권리금 중 낮은 금액을 넘지 못한다.

④ 임차인은 임대인에게 신규임차인이 되려는 자의 보증금 및 차임을 지급할 자력 또는 그 밖에 임차인으로서의 의무를 이행할 의사 및 능력에 관하여 자신이 알고 있는 정보를 제공하여야 한다.

제9조(재건축 등 계획과 갱신거절) 임대인이 계약 체결 당시 공사시기 및 소요기간 등을 포함한 철거 또는 재건축 계획을 임차인에게 구체적으로 고지하고 그 계획에 따르는 경우, 임대인은 임차인이 상가건물임대차보호법 제10조 제1항 제7호에 따라 계약갱신을 요구하더라도 계약갱신의 요구를 거절할 수 있다.

제10조(비용의 정산) ① 임차인은 계약이 종료된 경우 공과금과 관리비를 정산하여야 한다.

② 임차인은 이미 납부한 관리비 중 장기수선충당금을 소유자에게 반환 청구할 수 있다. 다만, 임차 상가 건물에 관한 장기수선충당금을 정산하는 주체가 소유자가 아닌 경우에는 그 자에게 청구할 수 있다.

제11조(중개보수 등) 중개보수는 거래 가액의 _____% 인 _____원(부가세 □ 불포함 □ 포함)으로 임대인과 임차인이 각각 부담한다. 다만, 개업공인중개사의 고의 또는 과실로 인하여 중개의뢰인간의 거래 행위가 무효·취소 또는 해제된 경우에는 그러하지 아니하다.

제12조(중개대상물 확인 . 설명서 교부) 개업공인중개사는 중개대상물 확인.설명서를 작성하고 업무보증관계증서 (공제증서 등) 사본을 첨부하여 임대인과 임차인에게 각각 교부한다.

[특약사항]

※ 조정 관련 특약
① 상가 임대차 계약과 관련하여 분쟁이 있는 경우 임대인 또는 임차인은 법원에 소를 제기하기 전에 먼저 상가건물 임대차분쟁조정위원회에 조정을 신청하여야 한다(□동의 / □부동의).
② 임차인이 상가건물임대차분쟁조정위원회에 상가 임대차 계약과 관련한 조정을 신청한 경우, 임대인은 조정 절차에 성실하게 응해야 한다(□동의 / □부동의).
○ 참고) 상가건물임대차분쟁조정위원회 조정을 통할 경우 60일(최대90일) 이내 신속하게 조정 결과를 받아볼 수 있습니다.

※ 해지권 특약
① 임차인은 「감염병의 예방 및 관리에 관한 법률」 제49조제1항제2호에 따른 집합 제한 또는 금지 조치를 3개월 이상 받음으로써 발생한 경제사정의 중대한 변동으로 인하여 폐업한 경우에는 임대차계약을 해지할 수 있다.
② 제1항에 따른 해지는 임대인이 계약해지의 통고를 받은 날부터 3개월이 지나면 효력이 발생한다(□동의 / □부동의).

※ 연체 관련 특약
① 코로나19 또는 그에 준하는 감염병으로 임차인이 집합금지조치 또는 집합제한조치를 받은 경우 그 기간 동안 연체한 차임액은 제10조제1항제1호, 제10조의4제1항 단서 및 제10조의8의 적용에 있어서는 차임연체액으로 보지 아니한다.
② 전항에 따라 연체한 것으로 보지 아니하는 차임액은 6개월분을 초과할 수 없다(□동의 / □부동의).

본 계약을 증명하기 위하여 계약 당사자가 이의 없음을 확인하고 각각 서명.날인 후 임대인, 임차인, 개업공인중개사는 매 장마다 간인하여, 각각 1통씩 보관한다.　　　　　　　　　　　년　　　　월　　　　일

임대인	주　　　소						서명 또는 날인
	주민등록번호 (법인등록번호)		전　　　화		성　명 (회사명)		
	대　리　인	주 소		주민등록번호		성　명	
임차인	주　　　소						서명 또는 날인
	주민등록번호 (법인등록번호)		전　　　화		성　명 (회사명)		
	대　리　인	주 소		주민등록번호		성　명	
개업공인중개사	사무소소재지		사무소소재지				
	사 무 소 명 칭		사 무 소 명 칭				
	대　　　표	서명 및 날인	대　　　표	서명 및 날인			
	등 록 번 호	전화	등 록 번 호		전화		
	소속공인중개사	서명 및 날인	소속공인중개사	서명 및 날인			

주택임대차보호법

제1장

적용범위

1) 주택임대차보호법은 주거용 건물의 임대차에 관하여 적용되며 상가건물임대차보호법과 달리 보증금액의 제한을 두지 않는다. '주거용'의 판단 기준은 건물의 공부상 용도, 임대차의 목적 등 여러 가지 상황을 종합적으로 판단하여야 한다.

2) 한편 비주거용 건물을 임차인이 거실 및 부엌을 설치하여 개조한 결과 주거용 건물에 해당하게 되었다고 하더라도 임차인이 주택임대차보호법 소정의 대항요건을 갖추기 이전에 임대인이 그 개조를 승낙하였다는 등의 특별한 사정이 없는 한 주택임대차보호법을 적용할 수 없다.

판례

대법원 1996. 5. 31., 선고, 96다5971, 판결

건물 중 1층이 공부상으로는 소매점으로 표시되어 있으나 건축 당시부터 그 면적의 절반 정도는 방(2칸)으로, 나머지 절반 정도는 소매점 등 영업소를 하기 위한 홀(Hall)로 건축되어 있었고, 그러한 상태에서 피고가 이를 임차한 후 그 가족들과 함께 거주하면서 음식점 영업을 하여 온 사실, 그 중 방 부분은 음식점 영업 시에는 손님을 받는 곳으로 사용하고 그 때 외에는 주거용으로 사용하여 온 사실, 피고의 가족은 4인으로 이 사건 건물 1층 외에는 달리 주택이 없는 사실을 인정한 다음, 피고가 점유하고 있는 이 사건 건물 1층은 주택임대차보호법 제2조 후문에서 정한 주거용 건물에 해당한다고 판단한 사례

대법원 1995. 3. 10. 선고 94다52522 판결

건물이 공부상으로는 단층 작업소 및 근린생활시설로 표시되어 있으나 실제로 갑은 주거 및 인쇄소 경영 목적으로, 을은 주거 및 슈퍼마켓 경영 목적으로 임차하여 가족들과 함께 입주하여 그 곳에서 일상생활을 영위하는 한편 인쇄소 또는 슈퍼마켓을 경영하고 있으며, 갑의 경우는 주거용으로 사용되는 부분이 비주거용으로 사용되는 부분보다 넓고, 을의 경우는 비주거용으로 사용되는 부분이 더 넓기는 하지만 주거용으로 사용되는 부분도 상당한 면적이고, 위 각 부분이 갑·을의 유일한 주거인 경우 주택임대차보호법 제2조 후문에서 정한 주거용 건물로 인정한 사례.

대법원 1996. 3. 12. 선고 95다51953 판결

방 2개와 주방이 딸린 다방이 영업용으로서 비주거용 건물이라고 보여지고, 설사 그 중 방 및 다방의 주방을 주거목적에 사용한다고 하더라도 이는 어디까지나 다방의 영업에 부수적인 것으로서 그러한 주거목적 사용은 비주거용 건물의 일부가 주거목적으로 사용되는 것일 뿐, 주택임대차보호법 제2조 후문에서 말하는 '주거용 건물의 일부가 주거 외의 목적으로 사용되는 경우'에 해당한다고 볼 수 없다고 한 원심의 판단을 수긍한 사례.

3) 주택임대차보호법이 적용되는 임대차가 임차인과 주택의 소유자인 임대인 사이에 임대차계약이 체결된 경우로 한정되는 것은 아니나, 적어도 그 주택에 관하여 적법하게 임대차계약을 체결할 수 있는 권한을 가진 임대인이 임대차계약을 체결할 것이 요구된다.

대법원 2014. 2. 27. 선고 2012다93794 판결

갑이 임의경매절차에서 최고가매수신고인의 지위에 있던 을과 주택임대차계약을 체결한 후 주택을 인도받아 전입신고를 마치고 임대차계약서에 확정일자를 받았는데, 다음날 을이 매각 대금을 완납하고 병 주식회사에 근저당권설정등기를 마쳐준 사안에서, 을이 최고가매수신고 인이라는 것 외에는 임대차계약 당시 적법한 임대권한이 있었음을 인정할 자료가 없는데도, 갑이 아직 매각대금을 납부하지도 아니한 최고가매수신고인에 불과한 을로부터 주택을 인도 받아 전입신고 및 확정일자를 갖추었다는 것만으로 주택임대차보호법 제3조의2 제2항에서 정한 우선변제권을 취득하였다고 본 원심판결에 법리오해 등의 위법이 있다고 한 사례.

제2장

대항력, 확정일자, 우선변제권

1. 대항력

1) 대항력이라 함은 임차인이 임차건물의 양수인(예: 매수인, 상속인) 등 이해관계인에 대하여 임대차의 내용을 주장할 수 있다는 의미이다. 대항력을 취득하기 위해서는 임차인이 건물을 인도받고 주민등록(전입신고)을 마쳐야 하는데, 대항력의 효력은 임차건물의 인도와 주민등록을 마친 다음 날부터 발생한다.

2) 이에 대해 근저당권자 등 등기부 상 다른 권리자에 비해 불리하다는 지적이 있으나, 주민등록(전입신고)은 등기에 비하여 불완전한 공시방법이므로, 같은 날 등기와 주민등록이 이뤄지는 경우에 등기를 우선하자는 취지로 보인다.

> **판례**
>
> **대법원 1997. 12. 12., 선고, 97다22393, 판결**
>
> 주택임대차보호법 제3조 제1항이 인도와 주민등록을 갖춘 다음날부터 대항력이 발생한다고 규정한 것은 인도나 주민등록이 등기와 달리 간이한 공시 방법이어서 인도 및 주민등록과 제3자 명의의 등기가 같은 날 이루어진 경우에 그 선후관계를 밝혀 선순위 권리자를 정하는 것이 사실상 곤란한 데다가, 제3자가 인도와 주민등록을 마친 임차인이 없음을 확인하고 등기까지 경료하였음에도 그 후 같은 날 임차인이 인도와 주민등록을 마침으로 인하여 입을 수 있는 불측의 피해를 방지하기 위하여 임차인보다 등기를 경료한 권리자를 우선시키고자 하는 취지이고, 같은 법 제3조의2 제1항에 규정된 우선변제적 효력은 대항력과 마찬가지로 주택임차권의 제3자에 대한 물권적 효력으로서 임차인과 제3자 사이의 우선순위를 대항력과 달리 규율하여야 할 합리적인 근거도 없으므로, 법 제3조의2 제1항에 규정된 확정일자를 입주 및

주민등록일과 같은 날 또는 그 이전에 갖춘 경우에는 우선변제적 효력은 대항력과 마찬가지로 인도와 주민등록을 마친 다음날을 기준으로 발생한다.

3) 주택의 경우 주민등록은 임대차관계의 공시방법이 되는데 이에 대한 흠결이 있다면 대항력을 인정을 수 없으므로, 경매 시 우선변제를 받을 수도 없다.

판례

대법원 1999. 4. 13. 선고 99다4207 판결

등기부상 동·호수 표시인 '디동 103호'와 불일치한 '라동 103'호로 된 주민등록은 그로써 당해 임대차건물에 임차인들이 주소 또는 거소를 가진 자로 등록되어 있는지를 인식할 수 있다고 보여지지 아니한다고 하여, 위 주민등록이 임대차의 공시방법으로서 유효하다고 할 수 없다고 본 사례.

4) 주택 임차인이 주민등록 전입신고를 할 당시 건축물관리대장 및 등기부가 작성되기 전이지만 그 전입신고 내용이 실제 건물의 소재지 지번과 정확히 일치하는 경우, 그 후 토지 분할 등의 사정으로 지번이 변경되었다고 하더라도 주택임대차보호법 제3조 제1항 소정의 주민등록으로 유효하다.

5) 여기서 주의할 점은 선순위 근저당권이나 압류/가압류가 전혀 없는 상태에서 임차건물의 인도와 전입신고를 마친 최선순위 임차인이 위 대항력을 갖추고 확정일자도 받은 경우, 임차건물의 경매 시 임차인은 배당을 요구하거나 배당을 요구하지 아니하고 매수인에게 대항력을 주장할 수 있으나, 선순위 근저당권이나 압류/가압류가 있었다면 비록 그 채권액이 소액이라 할지라도 경매가 실행되면 대항력을 행사할 수 없고 배당요구만 할 수 있다.

대법원 2000. 2. 11. 선고 99다59306 판결

대항력 발생 전에 선순위 저당권설정등기가 된 경우 강제집행이나 후순위 저당권의 실행으로 임차주택이 매각되는 경우라도 선순위 저당권(말소기준권리)보다 뒤에 대항력을 갖춘 임차권 은 함께 소멸하므로 매수인에게 임대차를 가지고 대항할 수 없다.

6) 한편 임차인이 직접 임차건물에 거주하지 아니하고 다른 사람으로 하여금 점유하 게 한 경우에도 대항력을 유지하고 있다고 볼 것인지에 대하여 대법원은 대항력이 인정된다고 판시하였다.

대법원 2007. 11. 29., 선고, 2005다64255, 판결

주택임차인이 임차주택을 직접 점유하여 거주하지 않고 그곳에 주민등록을 하지 아니한 경 우라 하더라도, 임대인의 승낙을 받아 적법하게 임차주택을 전대하고 그 전차인이 주택을 인 도받아 자신의 주민등록을 마친 때에는, 이로써 당해 주택이 임대차의 목적이 되어 있다는 사실이 충분히 공시될 수 있으므로, 임차인은 위 법에 정한 대항요건을 적법하게 갖추었다고 볼 것이다.

7) 또한 임차인의 가족들이 임차건물을 점유하고 있는 상태에서 임차인이 일시적으로 다른 곳에 전입신고를 한 경우에도 임차인의 대항력은 유지된다고 판시하였다.

대법원 1996. 1. 26. 선고 95다30338 판결

주택 임차인이 그 가족과 함께 그 주택에 대한 점유를 계속하고 있으면서 그 가족의 주민등 록을 그대로 둔 채 임차인만 주민등록을 일시 다른 곳으로 옮긴 경우라면, 전체적으로나 종

8) 그러나 위장전입의 경우에는 처음부터 유효한 주민등록이 아니므로 대항력은 발생하지 않는다.

9) 주택도시기금을 재원으로 하여 저소득층 무주택자에게 주거생활 안정을 목적으로 전세임대주택을 지원하는 법인이 주택을 임차한 후 지방자치단체의 장 또는 그 법인이 선정한 입주자가 그 주택을 인도받고 주민등록을 마친 경우와 「중소기업기본법」 제2조에 따른 중소기업에 해당하는 법인이 소속 직원의 주거용으로 주택을 임차한 후 그 법인이 선정한 직원이 해당 주택을 인도받고 주민등록을 마친 경우에도 대항력이 인정된다.(주택임대차보호법 제3조 제2항, 제3항)

10) 주택임대차보호법상의 대항력을 갖춘 후 임대부동산의 소유권이 이전되어 그 양수인이 임대인의 지위를 승계하는 경우에는 임대차보증금반환채무도 부동산의 소유권과 결합하여 일체로서 이전하는 것이며 이에 따라 양도인의 보증금반환채무는 소멸한다(대법원 86다카1114).

11) 주택임대차보호법 제3조 제1항의 대항요건을 갖춘 임차인의 임대차보증금반환채권에 대한 압류 및 전부명령이 확정되어 임차인의 임대차보증금반환채권이 집행채권자에게 이전된 경우 제3채무자인 임대인으로서는 임차인에 대하여 부담하고 있던 채무를 집행채권자에 대하여 부담하게 될 뿐 그가 임대차목적물인 주택의 소유자로서 이를 제3자에게 매도할 권능은 그대로 보유하는 것이며, 위와 같이 소유자인 임대인이 당해 주택을 매도한 경우 주택임대차보호법 제3조 제2항에 따라 전부채권자에 대한 보증금지급의무를 면하게 되므로, 결국 임대인은 전부금 지급의무를 부담하지 않는다.(대법원 2005다23773)

12) 대항력 있는 주택임대차에 있어 기간만료나 당사자의 합의 등으로 임대차가 종료된 경우에도 주택임대차보호법 제4조 제2항에 의하여 임차인은 보증금을 반환받을 때까지 임대차관계가 존속하는 것으로 의제되므로 그러한 상태에서 임차목적물인 부동산이 양도되는 경우에는 같은 법 제3조 제2항에 의하여 양수인에게 임대차가 종료된 상태에서의 임대인으로서의 지위가 당연히 승계되고, 양수인이 임대인의 지위를 승계하는 경우에는 임대차보증금 반환채무도 부동산의 소유권과 결합하여 일체로서 이전하는 것이므로 양도인의 임대인으로서의 지위나 보증금 반환채무는 소멸하는 것이지만, 임차인의 보호를 위한 임대차보호법의 입법 취지에 비추어 임차인이 임대인의 지위승계를 원하지 않는 경우에는 임차인이 임차주택의 양도사실을 안 때로부터 상당한 기간 내에 이의를 제기함으로써 승계되는 임대차관계의 구속으로부터 벗어날 수 있다고 봄이 상당하고, 그와 같은 경우에는 양도인의 임차인에 대한 보증금 반환채무는 소멸하지 않는다.

13) 주택임대차보호법이 적용되는 임대차로서는 반드시 임차인과 주택의 소유자인 임대인 사이에 임대차계약이 체결된 경우에 한정된다고 할 수는 없고, 나아가 주택의 소유자는 아니지만 주택에 관하여 적법하게 임대차계약을 체결할 수 있는 권한 (적법한 임대권한)을 가진 임대인과 사이에 임대차계약이 체결된 경우도 포함된다고 할 것이므로, 원심이 확정한 바와 같이 이 사건 임대차계약상의 임대인인 피고가 비록 이 사건 주택의 소유자가 아니라고 하더라도 주택의 명의신탁자로서 사실상 이를 제3자에게 임대할 권한을 가지는 이상, 임차인인 원고는 등기부상 주택의 소유자인 명의수탁자에 대한 관계에서도 적법한 임대차임을 주장할 수 있다고 할 것이고, 그리하여 원고가 주택의 인도와 주민등록을 마쳤다면 원고는 주택임대차보호법 제3조 제1항 소정의 대항력을 취득하였다고 할 것이다.

14) 임대차계약 당사자가 기존 채권을 임대차보증금으로 전환하여 임대차계약을 체결하였다는 사정만으로 임차인이 법 제3조 제1항 소정의 대항력을 갖지 못한다고 볼 수는 없다.

15) 주택임대차보호법상 대항력을 갖춘 임차인의 임대차보증금반환채권이 가압류된 상태에서 임대주택이 양도된 경우, 양수인이 채권가압류의 제3채무자 지위를 승계하며, 이 경우 가압류채권자는 양수인에 대하여만 가압류의 효력을 주장할 수 있다.

16) 소유권을 취득하였다가 계약해제로 인하여 소유권을 상실하게 된 임대인으로부터 그 계약이 해제되기 전에 주택을 임차받아 주택의 인도와 주민등록을 마침으로써 주택임대차보호법 제3조 제1항에 의한 대항요건을 갖춘 임차인은 민법 제548조 제1항 단서의 규정에 따라 계약해제로 인하여 권리를 침해받지 않는 제3자에 해당하므로 임대인의 임대권원의 바탕이 되는 계약의 해제에도 불구하고 자신의 임차권을 새로운 소유자에게 대항할 수 있고, 이 경우 계약해제로 소유권을 회복한 제3자는 주택임대차보호법 제3조 제2항에 따라 임대인의 지위를 승계한다.

17) 주택임차인이 임차주택을 직접 점유하여 거주하지 않고 그곳에 주민등록을 하지 아니한 경우라 하더라도, 임대인의 승낙을 받아 적법하게 임차주택을 전대하고 그 전차인이 주택을 인도받아 자신의 주민등록을 마친 때에는, 이로써 당해 주택이 임대차의 목적이 되어 있다는 사실이 충분히 공시될 수 있으므로, 임차인은 주택임대차보호법에 정한 대항요건을 적법하게 갖추었다고 볼 것이다.

18) 주택임대차보호법 제3조 제1항, 제2항의 규정에 의하면, 주택의 임차인은 건물에 입주하고 주민등록을 함으로써 제3자에 대하여 대항력을 갖추게 되고, 대항력이 구비된 후에 임차 건물이 양도된 경우 양수인은 임대인의 지위를 승계한 것으로 본다고 하고 있으며, 이 경우 임차보증금반환채무는 임대인의 지위를 승계한 양수인에게 이전되고 양도인의 채무는 소멸하는 것으로 해석할 것이나, 법인에게 주택을 임대한 경우에는 법인은 주택임대차보호법 제3조 제1항 소정의 대항요건의 하나인 주민등록을 구비할 수 없으므로 임대인이 위 임대주택을 양도하더라도 그 양수인이 주택임대차보호법에 의하여 임대인의 지위를 당연히 승계하는 것이 아니고 따라서 임대인의 임차보증금반환채무를 면책시키기로 하는 당사자들 사이의 특약이 있다는 등의 특별한 사정이 없는 한 임대인의 법인에 대한 임차보증금반환채무

는 소멸하지 아니한다.

19) 주택임대차보호법 제3조 제2항은 "임차주택의 양수인(기타 임대할 권리를 승계한 자를 포함한다)은 임대인의 지위를 승계한 것으로 본다."라고 규정하는바, 위 규정에 의하여 임대인의 지위를 승계한 것으로 보게 되는 임차주택의 양수인이 되려면 주택을 임대할 권리나 이를 수반하는 권리를 종국적·확정적으로 이전받게 되는 경우라야 하고, 임대차의 목적이 된 주택을 담보목적으로 신탁법에 따라 신탁한 경우에도 수탁자는 주택임대차보호법 제3조 제2항에 의하여 임대인의 지위를 승계한다고 본다.

20) 외국인 또는 외국국적동포가 구 출입국관리법이나 구 재외동포의 출입국과 법적 지위에 관한 법률에 따라 외국인등록이나 체류지변경신고 또는 국내거소신고나 거소이전신고를 한 경우, 주택임대차보호법 제3조 제1항에서 주택임대차의 대항력 취득 요건으로 규정하고 있는 주민등록과 동일한 법적 효과가 인정된다.

21) 주택의 공동임차인 중 1인이라도 주택임대차보호법 제3조 제1항에서 정한 대항력 요건을 갖추게 되면 그 대항력은 임대차 전체에 미치므로, 임차 건물이 양도되는 경우 특별한 사정이 없는 한 공동임차인에 대한 보증금반환채무 전부가 임대인 지위를 승계한 양수인에게 이전되고 양도인의 채무는 소멸한다. 이러한 법리는 계약당사자 사이에 공동임차인의 임대차보증금 지분을 별도로 정한 경우에도 마찬가지이다. 공동임차인으로서 임대차계약을 체결한 것은 기본적으로 임대차계약에 따른 권리·의무를 함께하겠다는 것이고, 임대차보증금에 관한 지분을 정하여 그 지분에 따라 임대차보증금을 지급하거나 반환받기로 약정하였다고 하더라도 임대차계약 자체를 지분에 따라 분리하겠다는 것이라고 볼 수는 없다.

22) 주택임대차보호법 제3조 제1항에서 주택의 인도와 더불어 대항력의 요건으로 규정하고 있는 주민등록은 거래의 안전을 위하여 임차권의 존재를 제3자가 명백히 인식할 수 있게 하는 공시방법으로 마련된 것으로서, 주민등록이 어떤 임대차를

공시하는 효력이 있는가의 여부는 그 주민등록으로 제3자가 임차권의 존재를 인식할 수 있는가에 따라 결정된다.

2. 확정일자와 우선변제권

1) 대항력을 갖추고 임대차계약증서에 확정일자를 받은 임차인은 경매 또는 공매 시 임차건물의 환가대금에서 후순위 권리자나 그 밖의 채권자보다 우선하여 보증금을 변제받을 권리가 있다. 최초 임대차계약서 뿐만 아니라 갱신계약 또는 재계약을 하면서 임대차보증금을 증액하는 경우에도 증액된 임대차계약서에 확정일자를 받아야 증액된 금액에 대하여 우선변제권을 인정받을 수 있다.

2) 우선변제권의 요건인 대항력과 확정일자를 갖추었더라도 임차인은 임차목적물이 경매될 경우 배당요구종기일까지 그 요건을 유지해야 우선변제를 받을 수 있다.

대법원 2007. 6. 14., 선고, 2007다17475, 판결

주택임대차보호법 제8조에서 임차인에게 같은 법 제3조 제1항 소정의 주택의 인도와 주민등록을 요건으로 명시하여 그 보증금 중 일정액의 한도 내에서는 등기된 담보물권자에게도 우선하여 변제받을 권리를 부여하고 있는 점, 위 임차인은 배당요구의 방법으로 우선변제권을 행사하는 점, 배당요구시까지만 위 요건을 구비하면 족하다고 한다면 동일한 임차주택에 대하여 주택임대차보호법 제8조 소정의 임차인 이외에 같은 법 제3조의2 소정의 임차인이 출현하여 배당요구를 하는 등 경매절차상의 다른 이해관계인들에게 피해를 입힐 수도 있는 점 등에 비추어 볼 때, 공시방법이 없는 주택임대차에 있어서 주택의 인도와 주민등록이라는 우선변제의 요건은 그 우선변제권 취득시에만 구비하면 족한 것이 아니고, 민사집행법상 배당요구의 종기까지 계속 존속하고 있어야 한다.

3) 확정일자를 받은 임대차계약서 주소 표기에 일부 오기가 있는 경우라도 확정일자의 요건을 갖춘 것으로 본다.

대법원 1999. 6. 11. 선고 99다7992 판결

주택임대차보호법 제3조의2 제2항에 의하면, 주택임차인은 같은 법 제3조 제1항에 규정된 대항요건과 임대차계약서상에 확정일자를 갖춘 경우에는 경매절차 등에서 보증금을 우선하여 변제받을 수 있고, 여기서 확정일자의 요건을 규정한 것은 임대인과 임차인 사이의 담합으로 임차보증금의 액수를 사후에 변경하는 것을 방지하고자 하는 취지일 뿐, 대항요건으로 규정된 주민등록과 같이 당해 임대차의 존재 사실을 제3자에게 공시하고자 하는 것은 아니므로, 확정일자를 받은 임대차계약서가 당사자 사이에 체결된 당해 임대차계약에 관한 것으로서 진정하게 작성된 이상, 위와 같이 임대차계약서에 임대차 목적물을 표시하면서 아파트의 명칭과 그 전유 부분의 동·호수의 기재를 누락하였다는 사유만으로 주택임대차보호법 제3조의2 제2항에 규정된 확정일자의 요건을 갖추지 못하였다고 볼 수는 없다.

4) 주택에 관하여 최선순위로 전세권설정등기를 마치고 등기부상 새로운 이해관계인이 없는 상태에서 전세권설정계약과 계약당사자, 계약목적물 및 보증금(전세금액) 등에 있어서 동일성이 인정되는 임대차계약을 체결하여 주택임대차보호법상 대항요건을 갖추었다면, 전세권자로서의 지위와 주택임대차보호법상 대항력을 갖춘 임차인으로서의 지위를 함께 가지게 된다. 이러한 경우 전세권과 더불어 주택임대차보호법상의 대항력을 갖추는 것은 자신의 지위를 강화하기 위한 것이지 원래 가졌던 권리를 포기하고 다른 권리로 대체하려는 것은 아니라는 점, 자신의 지위를 강화하기 위하여 설정한 전세권으로 인하여 오히려 주택임대차보호법상의 대항력이 소멸된다는 것은 부당하다는 점, 동일인이 같은 주택에 대하여 전세권과 대항력을 함께 가지므로 대항력으로 인하여 전세권 설정 당시 확보한 담보가치가 훼손되는 문제는 발생하지 않는다는 점 등을 고려하면, 최선순위 전세권자로서 배당요구를 하여 전세권이 매각으로 소멸되었다 하더라도 변제받지 못한 나머지 보증금에 기하여 대항력을 행사할 수 있고, 그 범위 내에서 임차주택의 매수인은 임대인의 지위를 승계한 것으로 보아야 한다.

5) 주택임대차계약은 건물뿐만 아니라 그 부지도 포함된다고 봄이 상당하고, 경매 또는 공매 시 토지와 건물이 일괄 매각되면 임차인은 건물뿐만 아니라 토지의 환가대금에서도 배당을 받게 된다(대법원 96다7595, 상가건물임대차보호법 제3조의2 제2항). 따라서 임차인은 자신의 임차보증금반환채권이 보장될 수 있는지 확인하기 위해 임대차계약 시 건물뿐만 아니라 토지의 등기사항증명서도 확인할 필요가 있다.

6) 주택임대차보호법상의 대항력과 우선변제권의 두 가지 권리를 겸유하고 있는 임차인이 우선변제권을 선택하여 제1경매절차에서 보증금 전액에 대하여 배당요구를 하였으나 보증금 전액을 배당받을 수 없었던 때에는 경락인에게 대항하여 이를 반환받을 때까지 임대차관계의 존속을 주장할 수 있을 뿐이고, 임차인의 우선변제권은 경락으로 인하여 소멸하는 것이므로 제2경매절차에서 우선변제권에 의한 배당을 받을 수 없다.

7) 주택임대차보호법상의 대항력과 우선변제권의 두 권리를 겸유하고 있는 임차인이 우선변제권을 선택하여 임차주택에 대하여 진행되고 있는 경매절차에서 보증금에 대한 배당요구를 하여 보증금 전액을 배당받을 수 있는 경우에는, 특별한 사정이 없는 한 임차인이 그 배당금을 지급받을 수 있는 때, 즉 임차인에 대한 배당표가 확정될 때까지는 임차권이 소멸하지 않는다고 해석함이 상당하다 할 것이므로, 경락인이 낙찰대금을 납부하여 임차주택에 대한 소유권을 취득한 이후에 임차인이 임차주택을 계속 점유하여 사용·수익하였다고 하더라도 임차인에 대한 배당표가 확정될 때까지의 사용·수익은 소멸하지 아니한 임차권에 기한 것이어서 경락인에 대한 관계에서 부당이득이 성립되지 아니한다.

8) 우선변제권만을 가진 주택임차인이 배당법원에 우선변제권 있는 임차보증금 반환채권에 터잡아 배당요구를 하면서 배당요구신청서에 확정일자가 없다고 기재하고, 첨부서류로 확정일자가 없는 전세계약서 만을 제출하였다는 점만으로는 특별한 사정이 없는 한 그 임차인이 우선변제권의 행사를 포기한 것으로는 볼 수 없다.

제3장

임차권등기명령

1. 임차권등기가 필요한 경우

1) 임대차계약이 종료되면 임차인은 임차목적물을 임대인에게 인도하고 보증금을 반환 받아야 하는데, 임대인이 보증금을 반환하지 않을 경우 임차보증금 반환 소송 등을 진행하는 동안 주민등록 전출을 하거나 이사를 하더라도 대항력과 우선변제권을 유지하기 위해 임차권등기명령을 신청해야 한다.

2) 물론 임차인이 임차목적물을 계속 점유하고 전입신고를 유지하고 있는 상태에서는 임차권등기를 신청할 필요가 없고, 임차목적물의 인도와 임차보증금의 반환은 동시 이행 관계에 있으므로, 임차인은 임차보증금을 반환받을 때까지 임차목적물을 계 속 점유할 수 있다.

3) 그러나 임차인이 임차보증금을 반환받지 아니한 상태에서 임차건물을 임대인에게 인도할 경우 대항력과 우선변제권을 상실하게 되는바, 반드시 임차권등기를 신청하 여 부동산 등기사항증명서에 기입된 것을 확인한 후 임차건물을 인도해야 한다.

4) 의뢰인과 상담을 하다 보면 간혹 임차권등기명령 결정문만 받고 퇴거를 하는 경우 를 접하는데, 이는 대항력과 우선변제권을 상실하는 심각한 문제이므로 유의해야 한다.

5) 만약 임차인이 점유를 상실하서나 주민등록을 전출한 이후 등기사항증명서에 임차 권등기가 기입되면, 기존의 대항력과 우선변제권이 상실되었으므로 등기사항증명서

에 임차권등기가 기입된 날 대항력과 우선변제권을 취득하게 된다.

2. 관할법원

임차권등기명령 신청은 임차건물의 소재지를 관할하는 지방법원, 지방법원지원 또는 시·군법원에 한다.

3. 임차권등기명령 첨부 서류

    가. 임대차계약서 사본
    나. 부동산등기사항증명서
    다. 해지증빙서류(내용증명 등)
    라. 건물도면(건물 일부를 임차한 경우)
    마. 임차인의 주민등록초본

4. 실무상 유의할 점

1) 건물 1개 층의 일부를 임차한 경우에는 임차권등기명령 신청 시 도면을 첨부해야 한다(임차목적물이 구분등기 된 건물의 전체인 경우는 해당되지 않음). 도면은 설계도와 같이 자세한 도면이 아니고 임차목적물의 위치를 파악할 수 있을 정도의 간단한 도면으로 족하다.

2) 법원사무관등은 임차권등기명령의 결정이 임대인에게 송달된 때에는 지체 없이 촉탁서에 결정 등본을 첨부하여 등기관에게 임차권등기의 기입을 촉탁하여야 한다. 다만, 주택임차권등기명령의 경우에는 임대인에게 임차권등기명령의 결정을 송달하

기 전에도 임차권등기의 기입을 촉탁할 수 있다.

5. 보증금 반환과 임차권등기 말소

임차보증금 반환과 임차목적물의 인도는 동시이행 관계에 있으므로, 임차보증금의 반환과 임차권등기의 말소를 동시이행 관계라고 오해할 수도 있겠으나, 이미 사실상 이행지체에 빠진 임대인의 임대차보증금의 반환의무와 그에 대응하는 임차인의 권리를 보전하기 위하여 새로이 경료하는 임차권등기에 대한 임차인의 말소의무를 동시이행관계에 있는 것으로 해석할 것은 아니고, 특히 위 임차권등기는 임차인으로 하여금 기왕의 대항력이나 우선변제권을 유지하도록 해 주는 담보적 기능만을 주목적으로 하는 점 등에 비추어 볼 때, 임대인의 임대차보증금의 반환의무가 임차인의 임차권등기 말소의무보다 먼저 이행되어야 할 의무이다(대법원 2005. 6. 9. 선고 2005다4529 판결).

6. 주택임차권등기 신청서 신청취지 기재례

별지 목록 기재 건물에 관하여 아래와 같은 임차권등기를 명한다.
라는 결정을 구합니다.

임차보증금: 금 30,000,000원
임대차 범위: 제3층 제301호 60㎡ 전부
임대차계약일: 2020년 1월 1일
주민등록일: 2020년 1월 2일
점유개시일: 2020년 1월 1일
확정일자: 2020년 1월 1일

※ 임대차기간 중 임대차보증금을 증액한 경우

임차보증금: 금 30,000,000원(2021. 1. 1. 금 1,000,000원 증액)

임대차 범위: 제3층 제301호 60㎡ 전부

임대차계약일:

(1차) 2020. 1. 1.

(2차) 2021. 1. 1.

주민등록일: 2020년 1월 2일

점유개시일: 2020년 1월 1일

확정일자: (1차) 2020. 1. 1. (금 29,000,000원)

            (2차) 2021. 1. 1. (증액된 금 1,000,000원)

주택임차권등기명령신청서

신 청 인   홍길동
          서울 광진구 광나루로13길 5

피신청인   김철중
          경기도 평택시 평택1로12번길 35

신 청 취 지

별지 목록 기재 건물에 관하여 아래와 같은 주택임차권등기를 명한다.
라는 결정을 구합니다.

아   래

1. 임대차계약일자 : 2018. 1. 12.
2. 임차보증금액   : 금 175,000,000원, 차임 : 없음
3. 주민등록일자   : 2018. 1. 19.
4. 임차범위 : 전체
5. 점유개시일자   : 2018. 1. 19.
6. 확 정 일 자   : 2018. 1. 15.

신 청 이 유

1. 당사자 지위

신청인은 2018. 1. 12. 신청외 ***과 사이에 별지 목록 기재 건물(이하 '이 사건 건물'이라고 합니다)에 관하여 임차보증금 175,000,000원, 임대차기간 2018. 1. 19.부터 2020. 1. 18.까지로 하는 임대차계약(이하 '이 사건 임대차계약'이라고 합니다)을 체결한 임차인이고, 피신청인은 2018. 5. 29. 이 사건 건물의 소유권을 취득하여 임대인의 지위를 승계한 사람입니다.

2. 임대차계약의 종료

이후 이 사건 임대차계약은 묵시적으로 갱신되었으나, 신청인과 피신청인은 2021. 12. 26. 전화 통화에서 2022. 2. 18.자로 이 사건 임대차계약을 종료하기로 합의하였습니다.

따라서 피신청인은 새로운 임차인을 구하는 등 신청인에게 보증금을 반환하기 위한 조치를 취해야 하나 위 통화 후 연락이 두절되었으므로, 이를 이상하게 여긴 신청인이 피신청인 소유의 다른 건물(같은 건물 내 다른 호수) 임차인을 만나보니 그 임차인은 2021. 3. 5. 임차목적물에 건강보험공단 압류 등기가 되었고, 2021. 12. 20. 임대차기간이 만료되었음에도 임대인과 연락이 두절되어 임차보증금을 반환받지 못하였으므로, 2022. 1. 10. 피신청인을 상대로 임차보증금반환 소송을 제기하여 진행 중이란 사실을 알게 되었습니다.

3. 결어

이상과 같이 신청인은 임차보증금을 반환받지 못 을 뿐만 아니라 피신청인과 연락조차 되지 는 상태인데, 임차보증금을 지급받지 못한 채 거주를 이전해야 사정이 있으므로 이 사건 신청에 이른 것입니다.

첨 부 서 류

1. 별지 목록

1. 임대차계약서

1. 등기사항전부증명서

1. 주민등록초본

1. 녹취록

1. 대법원 사건검색내역

2022년   2월   일

신청인   홍 길 동

서울동부지방법원   귀중

제4장

임대차기간과 계약갱신

1. 임대차기간

1) 기간을 정하지 아니하거나 기간을 2년 미만으로 정한 임대차는 그 기간을 2년으로 본다. 다만, 임차인은 2년 미만으로 정한 기간이 유효함을 주장할 수 있다.

> **판례**
>
> **대법원 1995. 10. 12. 선고 95다22283 판결**
>
> 주택임대차보호법 제4조 제1항은 같은 법 제10조의 취지에 비추어 보면 임차인의 보호를 위한 규정이라고 할 것이므로, 그 규정에 위반되는 당사자의 약정을 모두 무효라고 할 것은 아니고 그 규정에 위반하는 약정이라도 임차인에게 불리하지 아니한 것은 유효하다고 풀이함이 상당한바, 임대차 기간을 2년 미만으로 정한 임대차의 임차인이 스스로 그 약정 임대차 기간이 만료되었음을 이유로 임차보증금의 반환을 구할 수 있다.

2) 재개발, 재건축조합 설립 인가일 이후에 체결된 주택 및 상가건물임대차에 대하여는 2년 또는 1년의 임대차기간이 보장되지 않으므로, 임차인의 입장에서는 이를 유의해야 한다.

3) 주택임대차보호법 제4조 제1항은 같은 법 제10조의 취지에 비추어 보면 임차인의 보호를 위한 규정이라고 할 것이므로, 그 규정에 위반되는 당사자의 약정을 모두 무효라고 할 것은 아니고 그 규정에 위반하는 약정이라도 임차인에게 불리하지 아니한 것은 유효하다고 풀이함이 상당한바, 임대차 기간을 2년 미만으로 정한 임대차

의 임차인이 스스로 그 약정 임대차 기간이 만료되었음을 이유로 임차보증금의 반환을 구할 수 있다.

2. 묵시적 갱신

1) 임대인이 임대차기간이 끝나기 6개월 전부터 2개월 전까지의 기간에 임차인에게 갱신거절의 통지를 하지 아니하거나 계약조건을 변경하지 아니하면 갱신하지 아니한다는 뜻의 통지를 하지 아니한 경우에는 그 기간이 끝난 때에 전 임대차와 동일한 조건으로 다시 임대차한 것으로 본다. 임차인이 임대차기간이 끝나기 2개월 전까지 통지하지 아니한 경우에도 또한 같다.(본 조항은 2020. 12. 10. 시행되었으므로 그 이후 체결되거나 갱신된 계약에 적용되며, 그 이전에 체결된 임대차계약은 6개월 전부터 1개월 전 사이에 갱신거절통지를 해야 한다)

2) 갱신거절, 임대차계약 해지, 계약갱신요구 등 모든 의사 통지는 도달되어야 효력이 있으므로 통상 그 내용과 도달일자를 확인할 수 있는 내용증명으로 하나 핸드폰 문자 통지도 특별한 사정이 없는 한 인정된다.

3) 묵시적 갱신이 된 경우에 임대인은 임대차기간 종료일 이전에 임대차계약을 해지할 수 없으나, 임차인은 언제든지 임대인에게 계약해지를 통지할 수 있고, 임대인이 해지통지를 받은 날로부터 3개월이 경과하면 해지의 효력이 발생한다.

3. 계약갱신요구, 갱신거절

임대차기간이 끝나기 6개월 전부터 2개월 전까지의 기간에 임차인이 계약갱신을 요구할 경우 임대인은 정당한 사유 없이 거절하지 못하며, 다만 아래와 같은 사유가 있는 경우에는 갱신 거절이 가능하다.

가. 임차인이 2기의 차임액에 해당하는 금액에 이르도록 연체한 사실이 있는 경우

임차인이 여러 차례 연체를 한 적이 있다 하더라도, 일정 시점에 차임 연체액 합계가 2기의 차임액에 이른 적이 없다면 갱신거절을 할 수 없다. 반대로 전혀 연체를 하지 않다가 한 차례라도 2기의 차임액에 해당하는 금액이 연체된 전력이 있었다면 이는 갱신거절의 사유가 된다.

나. 임차인이 임대인의 동의 없이 건물의 일부 또는 전부를 전대한 경우

다. 임대인이 다음 어느 하나에 해당하는 사유로 목적 건물의 전부 또는 대부분을 철거하거나 재건축하기 위하여 목적 건물의 점유를 회복할 필요가 있는 경우

- 임대차계약 체결 당시 공사시기 및 소요기간 등을 포함한 철거 또는 재건축 계획을 임차인에게 구체적으로 고지하고 그 계획에 따르는 경우
- 건물이 노후·훼손 또는 일부 멸실되는 등 안전사고의 우려가 있는 경우
- 다른 법령에 따라 철거 또는 재건축이 이루어지는 경우

건물인도 소송 상담 시 "건물이 노후되었다는 이유로 갱신거절을 할 수 있지 않느냐"는 문의를 많이 접하는데, 그 노후의 정도가 안전을 위협할 정도이어야 하므로, 단순히 건물이 노후하여 보수나 재건축이 필요하다는 주장으로 갱신을 거절할 수 없다.

라. 임대인(임대인의 직계존속·직계비속을 포함한다)이 목적 주택에 실제 거주하려는 경우

1) 가장 분쟁이 많은 경우이다. 실제 임대인이 직접거주를 사유로 갱신거절을 하고 임

차인을 상대로 건물인도 소송을 제기한 경우 임차인들은 '임대인은 직접 거주할 의사가 없으면서 임차인을 내보내고 새로운 임차인에게 더 높은 보증금과 차임을 받기 위해 거짓으로 직접거주 의사를 밝히면서 갱신거절을 했다.'고 주장하는 경우가 많으나, 임대인의 속마음을 확인할 방법은 없으므로 대부분 임차인이 패소한다.

2) 다만 임대인이 직접거주 사유로 갱신을 거절하였음에도 불구하고 갱신요구가 거절되지 아니하였더라면 갱신되었을 기간이 만료되기 전에 정당한 사유 없이 제3자에게 목적 주택을 임대한 경우 임대인은 갱신거절로 인하여 임차인이 입은 손해를 배상하여야 한다.

3) 임차인이 주택임대차법 제6조의3 제1항 본문에 따라 계약갱신을 요구하였더라도, 임대인으로서는 특별한 사정이 없는 한 같은 법 제6조 제1항 전단에서 정한 기간 내라면 제6조의3 제1항 단서 제8호에 따라 임대인이 목적 주택에 실제 거주하려고 한다는 사유를 들어 임차인의 계약갱신 요구를 거절할 수 있고, 같은 법 제3조 제4항에 의하여 임대인의 지위를 승계한 임차주택의 양수인도 그 주택에 실제 거주하려는 경우 위 갱신거절 기간 내에 위 제8호에 따른 갱신거절 사유를 주장할 수 있다고 보아야 한다.

4) 임차인은 임차목적물에서 퇴거한 후라도 주민센터에서 전입세대열람을 하여 임대인 직접 거주하지 아니하고 제3자에게 임대를 주었는지 확인할 수 있다.

※ 임차보증금이 압류된 경우 임대차계약 해지 또는 갱신거절의 사유가 되는지?
임차인의 채권자로부터 임대보증금반환청구권에 대한 압류 및 추심명령이 발령되었다는 사정은 임대인이 임대차계약의 갱신을 거절할 수 있는 특별한 사정에 해당한다고 보기 어렵다(대법원 2020. 5. 28. 선고 2020다202371 판결).

※ 서식. 갱신거절통지서(임대인 직접 거주 사유)

　수　신: 경기도 고양시 덕양구 고양대로1234번길 1234

　　　　 홍길동

　발　신: 서울 서초구 반포대로30길 34

　　　　 김철중

　제　목: 임대차계약 갱신거절 통지

　1. 위 발신인은 '경기도 고양시 덕양구 고양대로1234번길 1234' 건물의 소유자 겸 임대인으로 본 내용증명을 발송합니다.

　2. 위 건물에 관하여 발신인과 수신인 사이에 체결된 임대차계약은 2022. 7. 31. 기간이 만료되고, 발신인은 위 건물에 직접 거주해야 할 사정이 있으므로, 본 내용증명 우편으로 임대차계약의 갱신 거절을 통지합니다.

　3. 따라서, 수신인은 2022. 7. 31.까지 위 건물을 원상회복하여 발신인에게 인도하여 주시기 바랍니다.

2022년 5월 12일

발신인　홍 길 동

---

5) 구 임대주택법의 적용을 받는 임대주택에 관해서는 건설교통부령이 정하는 표준임대차계약서 제10조 제1항 각 호 중 하나에 해당하는 사유가 있는 경우라야 임대인이 그 임대차계약을 해지하거나 임대계약의 갱신을 거절할 수 있고, 그렇지 아니한 경우에는 임차인이 임대차계약의 갱신을 원하는 이상 특별한 사정이 없는 한 임대인이 임대차계약의 갱신을 거절할 수 없다.

제5장

차임 등의 증감 청구권

1) 임차건물에 관한 조세, 공과금 등 경제적 사정의 변동으로 인하여 현재의 차임 또는 보증금의 증감이 필요한 경우 임대인과 임차인은 장래의 차임 또는 보증금의 증감을 청구할 수 있으나, 증액청구는 약정한 차임이나 보증금의 20분의 1의 금액을 초과하지 못한다. 임대차계약 또는 차임의 증액이 있은 후에는 1년 내에 다시 증액 청구를 할 수 없다.

2) 위 규정은 임대차계약의 존속중 당사자 일방이 약정한 차임 등의 증감을 청구한 때에 한하여 적용되고, 임대차계약이 종료된 후 재계약을 하거나 또는 임대차계약 종료 전이라도 당사자의 합의로 차임 등이 증액된 경우에는 적용되지 않는다.(대법원 93다30532 판결)

3) 그러나, 위 '재계약'과 '합의'에 대해서는 엄격하게 해석할 필요가 있다. 임차인이 계약갱신요구권을 행사한 후 신규임대차계약의 형식을 취하더라도 이는 재계약이 아닌 계약의 갱신으로 보며, 이러한 재계약 시 차임증액 한도를 초과한 재계약을 하였더라도 그 초과하는 부분에 대하여 무효이고, 임차인은 초과 지급된 차임에 대하여 부당이득반환 청구를 할 수 있다(대법원 2014.4.30. 선고 2013다35115 판결).

제6장

보증금 중 일정액의 보호
(소액임차보증금)

1) 주택에 대한 경매개시결정의 등기 이전에 대항력을 갖춘 임차인은 보증금 중 일정액을 다른 담보물권자보다 우선하여 변제받을 권리가 있다. 우선변제를 받을 대상과 보증금 중 일정액의 범위는 아래에서 보는 바와 같이 주택임대차보호법 시행령에 규정되어 있다.

　제11조(우선변제를 받을 임차인의 범위) 법 제8조에 따라 우선변제를 받을 임차인은 보증금이 다음 각 호의 구분에 의한 금액 이하인 임차인으로 한다. 〈개정 2010. 7. 21., 2013. 12. 30., 2016. 3. 31., 2018. 9. 18., 2021. 5. 11., 2023. 2. 21.〉

　1. 서울특별시: 1억6천500만원
　2. 「수도권정비계획법」에 따른 과밀억제권역(서울특별시는 제외한다), 세종특별자치시, 용인시, 화성시 및 김포시: 1억4천500만원
　3. 광역시(「수도권정비계획법」에 따른 과밀억제권역에 포함된 지역과 군지역은 제외한다), 안산시, 광주시, 파주시, 이천시 및 평택시: 8천500만원
　4. 그 밖의 지역: 7천500만원

※ 월세인 경우라도 상가주택임대차보호법과 달리 환산보증금으로 계산하지 아니하고 차임을 고려하지 않은 순수한 보증금만을 기준으로 적용한다.

제10조(보증금 중 일정액의 범위 등) ① 법 제8조에 따라 우선변제를 받을 보증금 중 일정액의 범위는 다음 각 호의 구분에 의한 금액 이하로 한다. 〈개정 2010. 7. 21., 2013. 12. 30., 2016. 3. 31., 2018. 9. 18., 2021. 5. 11., 2023. 2. 21.〉

1. 서울특별시: 5천500만원
2. 「수도권정비계획법」에 따른 과밀억제권역(서울특별시는 제외한다), 세종특별자치시, 용인시, 화성시 및 김포시: 4천800만원
3. 광역시(「수도권정비계획법」에 따른 과밀억제권역에 포함된 지역과 군지역은 제외한다), 안산시, 광주시, 파주시, 이천시 및 평택시: 2천800만원
4. 그 밖의 지역: 2천500만원
② 임차인의 보증금 중 일정액이 주택가액의 2분의 1을 초과하는 경우에는 주택가액의 2분의 1에 해당하는 금액까지만 우선변제권이 있다.
③ 하나의 주택에 임차인이 2명 이상이고, 그 각 보증금 중 일정액을 모두 합한 금액이 주택가액의 2분의 1을 초과하는 경우에는 그 각 보증금 중 일정액을 모두 합한 금액에 대한 각 임차인의 보증금 중 일정액의 비율로 그 주택가액의 2분의 1에 해당하는 금액을 분할한 금액을 각 임차인의 보증금 중 일정액으로 본다.
④ 하나의 주택에 임차인이 2명 이상이고 이들이 그 주택에서 가정공동생활을 하는 경우에는 이들을 1명의 임차인으로 보아 이들의 각 보증금을 합산한다.

2) 소액임차인에 해당하는 여부의 판단시점은 원칙적으로 배당 시이고, 우선변제권의 적용은 경매절차에서 임차인이 대항력을 갖추고 배당요구를 하는 경우에 적용된다.

3) 소액임차인은 건물뿐만 아니라 대지의 환가대금 중에서도 소액보증금을 우선변제 받을 수 있다고 할 것이나, 대지에 저당권이 설정 후 신축된 건물의 소액임차인은 대지의 환가대금으로부터 우선변제를 받을 수 없다.

> **판례**
>
> **대법원 99다25532 판결**
>
> 임차주택의 환가대금 및 주택가액에 건물뿐만 아니라 대지의 환가대금 및 가액도 포함된다고 규정하고 있는 주택임대차보호법(1999. 1. 21. 법률 제5641호로 개정되기 전의 것) 제3조의2 제1항 및 제8조 제3항의 각 규정과 같은 법의 입법 취지 및 통상적으로 건물의 임대차에는 당연히 그 부지 부분의 이용을 수반하는 것인 점 등을 종합하여 보면, 대지에 관한 저당권의 실행으로 경매가 진행된 경우에도 그 지상 건물의 소액임차인은 대지의 환가대금 중에서 소액보증금을 우선변제받을 수 있다고 할 것이나, 이와 같은 법리는 대지에 관한 저당권 설정 당시에 이미 그 지상 건물이 존재하는 경우에만 적용될 수 있는 것이고, 저당권 설정 후에 비로소 건물이 신축된 경우에까지 공시방법이 불완전한 소액임차인에게 우선변제권을 인정한다면 저당권자가 예측할 수 없는 손해를 입게 되는 범위가 지나치게 확대되어 부당하므로, 이러한 경우에는 소액임차인은 대지의 환가대금에 대하여 우선변제를 받을 수 없다고 보아야 한다.

4) 그러나 채권자가 채무자 소유의 주택에 관하여 채무자와 임대차계약을 체결하고 전입신고를 마친 다음 그곳에 거주하였다고 하더라도 임대차계약의 주된 목적이 주택을 사용·수익하려는 것에 있는 것이 아니고, 실제적으로는 소액임차인으로 보호받아 선순위 담보권자에 우선하여 채권을 회수하려는 것에 주된 목적이 있었던 경우에는 그러한 임차인을 주택임대차보호법상 소액임차인으로 보호할 수 없다.

5) 주택임대차보호법 제8조 소정의 우선변제권의 한도가 되는 주택가액의 2분의 1에서 '주택가액'이라 함은 낙찰대금에다가 입찰보증금에 대한 배당기일까지의 이자, 몰수된 입찰보증금 등을 포함한 금액에서 집행비용을 공제한 실제 배당할 금액이라고 봄이 상당하다.

제7장

임대차계약의 해지

1. 차임연체로 인한 해지

1) 임차인의 차임연체액이 2기의 차임액에 달하는 때에는 임대인은 계약을 해지할 수 있다. 임차인이 아무리 연체를 자주 했더라도 2기의 차임액에 이르지 않았다면 차임연체를 이유로 임대차계약을 해지 할 수 없고, 2기의 차임액이 연체되었다고 해도 자동으로 임대차계약이 해지되는 것은 아니므로, 2기의 차임액이 연체된 상태에서 임대인의 해지통지가 임차인에게 도달되어야 해지된다.

2) 따라서, 차임연체액이 2기의 차임액에 달하였으나 임대인의 해지통지가 임차인에게 도달되기 전에 임차인이 연체차임을 변제하였다면 임대차계약을 해지할 수 없으나, 임대차계약 갱신을 거절할 수는 있다.

3) 공유자가 공유물을 타인에게 임대하는 행위 및 그 임대차계약을 해지하는 행위는 공유물의 관리행위에 해당하므로 민법 제265조 본문에 의하여 공유자의 지분의 과반수로써 결정하여야 한다. 상가건물 임대차보호법이 적용되는 상가건물의 공유자인 임대인이 같은 법 제10조 제4항에 의하여 임차인에게 갱신 거절의 통지를 하는 행위는 실질적으로 임대차계약의 해지와 같이 공유물의 임대차를 종료시키는 것이므로 공유물의 관리행위에 해당하여 공유자의 지분의 과반수로써 결정하여야 한다.(대법원 2010. 9. 9. 선고 2010다37905 판결)

2. 기타 해지 사유

1) 임차인이 임대인의 동의 없이 임차 건물을 타인에게 전대하거나(민법 제629조), 불법 개조 또는 증축을 하는 경우에도 다른 사정이 없는 한 임대인은 임대차계약을 해지할 수 있는데, 위와 같은 사유가 발생했다고 하여 자동으로 임대차계약이 해지되는 것은 아니고 임대인이 임차인에게 해지통지를 하고 그 통지가 도달해야 해지의 효과가 발생한다.

2) 그러나 임대인의 동의 없이 임차목적물을 타인에게 전대한 행위가 임대인에 대한 배신적 행위라고 인정할 수 없는 특별한 사정이 있는 경우(예를 들어 사업자 명의를 배우자로 바꾼 경우 등), 임대인의 동의 없는 전대차라는 이유만으로 임대차계약을 해지할 수 없다(대법원 2007. 11. 29. 선고 2005다64255 판결)

3) 또한 명문의 규정이나 약정이 없다고 하더라도, 임차인이 임대인에게 형사법 위반 행위를 가한 경우, 사정변경 내지 신의칙에 따른 해지권도 발생한다고 볼 것이다.

수 신: 서울 중랑구 용마산로117길 24

　　　홍길동

발 신: 서울 서초구 서초중앙로 154

　　　김철중

제 목: **임대차계약 해지 통지**

1. 위 발신인은 '**경기도 남양주시 별내면 청학리 1234번지**' 건물의 소유자 겸 임대인으로 본 내용증명을 발송합니다.

2. 수신인은 본 해지통지서 발송일 현재 3기 이상의 차임을 연체하였는바, 발신인은 전항의 건물에 관한 임대차계약의 해지를 통지합니다.

3. 따라서, 수신인은 조속히 위 건물을 원상회복하여 임대인에게 인도하여 주시기 바랍니다.

2022년 6월 2일

발신인 김철중 (인)

제8장

임차인의 사망과
주택임차권의 승계

1. 사망한 임차인의 상속인이 있는 경우

1) 임차인이 사망할 당시 민법에 따른 상속인이 임차건물에서 임차인과 함께 가정공동
생활(동거를 하면서 생계를 함께하는 것)을 하고 있는 경우에는 상속인이 임차권을 승계
한다.

2) 그러나 임차인이 사망할 당시 민법상 상속인이 임차인과 함께 임차건물에서 가정공
동생활을 하고 있지 않는 경우에는 민법상 상속인에게 임차권이 승계되지 않고, 임
차건물에서 가정공동생활을 하던 사실상의 혼인관계에 있는 사람과 2촌 이내의 친
족이 공동으로 임차인의 권리와 의무를 승계하며, 2촌 이내의 친족이 없는 경우에는
사실상의 혼인관계에 있는 사람이 단독으로 임차권을 승계한다.

2. 사망한 임차인의 상속인이 없는 경우

사망한 임차인의 상속인 없는 경우 그 주택에서 가정공동생활을 하던 사실상의 혼
인관계에 있는 사람이 임차인의 권리와 의무를 승계한다. 그러나 임차인이 사망하고
그 주택에서 가정공동생활을 하던 사실상의 혼인관계에 있는 사람도 없는 경우에는
임차권을 포함한 임차인의 상속재산은 국가에 귀속하게 된다(민법 제1058조제1항).

3. 승계의 효과

임차권을 승계한 사람은 임대차 관계에서 발생한 채권과 채무를 승계한다. 그러나 임대인과 사망한 임차인 사이에서 발생한 채권이라도 임대차와 관련이 없는 채권(예: 대여금 등)은 승계되지 않고, 상속인에게 상속된다.

4. 임차권 승계의 포기

사망한 임차인의 연체 차임이 임차보증금을 초과하는 등 임차권을 승계하는 것이 오히려 불리한 경우에는 임차권의 승계권자가 임차인이 사망한 후 1개월 이내에 임대인에게 임차권을 승계하지 않겠다는 뜻을 표시하고 임차권의 승계를 포기할 수 있다. 임차권을 승계하려는 경우에는 임대인에게 별도로 승계의 의사표시를 할 필요는 없다.

제9장

전대차

1. 무단전대

1) 임대인의 동의가 없는 무단전대라도 임차인(전대인)과 전차인 사이의 전대차계약은 유효하나, 전차인은 임대인에게 대항할 수 없고, 임대인은 무단전대를 사유로 임대차계약을 해지할 수 있다.

2) 임차인이 무단으로 전대를 한 경우 임대인은 임대차계약을 해지하지 않더라도 소유권에 기한 물권적 청구권으로 전차인에게 방해배제를 청구를 할 수 있는데, 임대차계약이 유지되고 있는 한 임대인에게 직접 인도하도록 청구할 수는 없고 임차인에게 반환하도록 청구할 수 있다.

> **판례**
>
> **대법원 2007. 11. 29. 선고 2005다64255 판결**
>
> 임차인이 비록 임대인으로부터 별도의 승낙을 얻지 아니하고 제3자에게 임차물을 사용·수익하도록 한 경우에 있어서도, 임차인의 당해 행위가 임대인에 대한 배신적 행위라고 할 수 없는 특별한 사정이 인정되는 경우에는, 임대인은 자신의 동의 없이 전대차가 이루어졌다는 것만을 이유로 임대차계약을 해지할 수 없으며, 전차인은 그 전대차나 그에 따른 사용·수익을 임대인에게 주장할 수 있다 할 것이다.
>
> **이유**
>
> 그러나 원심판결 이유와 기록에 의하면, 이 사건 아파트는 임대주택법에 의하여 건설된 20평형대의 임대주택으로서 같은 법 제13조에 의하여 원칙적으로 임차권의 양도나 전대가 금지

되고, 원고와 송림주택건설 사이의 임대차계약에도 임차권양도·전대금지의 특약이 있기는 하였으나, 위 법 제13조 단서에서는 대통령령이 정하는 경우로서 임대사업자의 동의를 얻은 경우에는 임차권양도·전대가 허용되는 것으로 규정하고, 이에 따라 임대주택법시행령 제10조 제1항 제1호 ㈎목에서는 "근무·생업 등의 사유로 다른 시·군으로 퇴거하고자 하는 경우"를 그 사유의 하나로 규정하고 있는 점, 임대인인 송림주택건설은 원고와의 약정 임대차기간이 종료할 무렵인 1997년경 이미 부도가 난 이래 그 임직원들의 소재파악이나 연락이 전혀 불가능한 상태에 있었고, 이 때문에 원고는 임차보증금을 돌려받지 못한 채 수년간 이 사건 아파트에 계속 거주할 수밖에 없었던 점, 그러다가 원고는 2000년 초경 진주시에서 음식점을 운영하기 위하여 이사를 가야할 사정이 생겼고, 송림주택건설의 주소지로 "임대기간 만료에 따른 보증금반환 청구"의 내용증명우편을 발송하였으나 그에 대한 아무런 회신을 받지 못한 점, 이에 원고는 2000. 3. 11. 평소 알고 지내던 소외인에게 이 사건 아파트를 자신의 임차보증금보다 적은 1,000만 원의 전세보증금에 전대하였고, 그 후 원고는 2000. 3. 29. 자신이 보관하던 송림주택건설과의 임대차계약서상에 확정일자를 받은 다음 아파트에서 퇴거하여 진주시로 주민등록을 옮겼으며, 전차인 소외인은 그 무렵 이 사건 아파트를 인도받아 점유·거주하면서 그곳에 주민등록을 하여 이를 유지해 오고 있는 점, 이와 같이 원고가 송림주택건설의 동의를 받지 아니하고 아파트를 전대한 이후에도 송림주택건설의 소재가 명확하지 않을 뿐만 아니라 원고의 전대를 문제삼아 임대차계약을 해지한다는 등의 사정은 전혀 찾아볼 수 없는 점 등을 엿볼 수 있다.

2. 임대인의 동의를 받은 전대차

1) 임대인의 동의를 얻어 전대차계약을 체결한 후 임대인과 임차인이 전차인의 동의 없이 임대차관계를 종료시키면 이는 신의칙에 반하므로, 임대인과 임차인의 합의로 임대차계약을 종료시키더라도 전차인의 권리는 소멸하지 않는다(민법 제631조).

2) 임대인의 동의를 얻어 전대차계약을 체결한 경우 임대인이 전차인에게 직접 차임을 지급할 것을 청구하면 전차인은 임대인에게 차임을 지급해야 한다(대법원 2018. 7. 11. 선고 2018다200518 판결).

3) 임대차계약이 해지 통고로 인하여 종료된 경우에 그 임대물이 적법하게 전대되었을 때에는 임대인은 전차인에 대하여 그 사유를 통지하지 아니하면 해지로써 전차인에게 대항하지 못하고, 전차인이 통지를 받은 때에는 토지, 건물 기타 공작물에 대하여는 임대인이 해지를 통고한 경우에는 6월, 임차인이 해지를 통고한 경우에는 1월, 동산에 대하여는 5일이 경과하면 해지의 효력이 생긴다고 규정되어 있다. 그러나 대법원은 차임 연체에 따른 임대차 해지의 경우에는 전차인에게 위와 같은 통고를 할 필요가 없다고 판시하였다.

판례

대법원 2012. 10. 11. 선고 2012다55860 판결

민법 제640조에 터 잡아 임차인의 차임연체액이 2기의 차임액에 달함에 따라 임대인이 임대차계약을 해지하는 경우에는 전차인에 대하여 그 사유를 통지하지 않더라도 해지로써 전차인에게 대항할 수 있고, 해지의 의사표시가 임차인에게 도달하는 즉시 임대차관계는 해지로 종료된다.

제10장

강행규정

1) 주택임대차보호법은 강행규정이므로 이에 위반하여 임차인에게 불리한 약정은 효력이 없다. 따라서 임대인의 입장에서는 임대차계약 체결 시 자신이 요구하고 싶은 내용을 넣기 위해 또는 추후 차임 연체 등의 문제가 발생했을 때 소송 없이 즉시 인도집행을 하기 위해 제소전화해를 신청하는 경우가 많다.

2) 물론 제소전화해 신청을 하더라도 법원에서 강행법규에 위반되는 내용을 여과 없이 넣어주는 것은 아니지만, 원칙적으로 강행법규에 위반되는 내용이라도 제소전화해 조서에 기재되었다면 효력이 있다.

제4편

임대차보증금반환 절차

임대차계약이 종료되었음에도 임대인이 임차보증금을 반환하지 아니할 경우에 임차인은 임대차보증금 반환 소송을 할 수 밖에 없고, 임차인이 임대차보증금 반환 소송에서 승소하면 그 집행권원을 가지고 임대인의 재산에 대한 강제집행을 통해 보증금을 회수하는 것이 최종 목표이나, 최우선변제권을 가진 임차인이 아닌 경우에는 보증금 전액을 회수하지 못하는 경우가 많고, 최우선변제권을 가진 임차인이라 하더라도 소위 깡통전세 등의 경우에는 보증금을 전부 회수하지 못한다.

따라서 보증금 전액 회수를 기대하기 어려운 임차인은 임대차보증금반환 소송과 별도로 임대인의 재산에 대한 가압류를 할 필요가 있는바, 본 편에서는 임대차보증금반환 소송과 이에 대한 보전처분으로 가압류에 대해 설명하고자 한다.

제1장

임대차보증금 반환 소송

1. 소의 제기

　임대차보증금 반환 소송은 임대차기간이 종료된 후 소를 제기하는 것이 일반적이다. 그러나 임대인과의 연락이 두절되었거나 하여 임대차보증금을 반환 받지 못할 것이 명백할 경우에는 임대차기간 종료일에 임박하여 미리 소를 제기하더라도 첫 변론기일이 임대차계약 종료일 이후에 잡힐 것이기 때문에, 실무적으로는 미리 소를 제기하는 것도 가능하다.

2. 관할 법원

　임대인이나 임차인의 주소를 관할하는 법원에 제출한다.

3. 임대차계약 종료/해지의 사유

가. 기간 만료

　임대차기간이 만료되었다 하더라도 상호간의 의사표시가 없으면 임대차계약이 묵시적으로 갱신되므로, 주택과 상가 임대차 모두 임대차기간이 만료되기 6개월 전부터 1개월 전 사이에(2020. 12. 10. 이후 체결 또는 갱신된 주택임대차의 경우에는 6개월 전부터 2개월 전 사이에) 갱신거절 통지를 하고, 그 통지가 상대방에게 도달되어야 기간 만료로 인한 임대차계약의 종료를 주장할 수 있다.

나. 묵시적으로 갱신된 계약의 해지

주택이나 상가 임대차계약이 묵시적으로 갱신된 경우라도 임차인은 언제든지 임대인에게 해지를 통지할 수 있고, 임대인에게 그 통지가 도달된 후 3개월이 지나면 해지의 효력이 발생한다.

다. 차임 연체로 인한 해지

주택의 경우에는 2기, 상가는 3기의 차임이 연체된 상태에서 임대인이 임차인에게 해지통지를 하고 그 통지가 임차인에게 도달되는 즉시 임대차계약은 해지된다. 임대차계약 해지통지가 임차인에게 도달되기 전에 임차인이 연체된 차임의 일부 또는 전부를 변제하여 해지통지 도달 시 2기 또는 3기에 이르는 차임액 미만으로 연체된 경우에는 해지의 효력이 없다.

4. 청구금액

임차보증금반환 소송에서 임차인은 임차보증금 전액을 청구하면 되고, 임대인이 이에 대하여 원상복구 비용의 공제나 임차목적물 인도의 동시이행 항변을 할 수 있다. 임대차계약이 종료되었고 이미 임대인에게 임차목적물을 반환한 상태라면 임차인은 임대인에게 반환한 날로부터 임차보증금에 대한 지연이자를 청구할 수 있다. 그러나 임차인이 임차목적물에서 퇴거했더라도 임대인에게 퇴거 사실을 알리지 않았다면 임대인에게 임차보증금에 대한 지연이자를 청구할 수 없다.

> **판례**
>
> **대법원 2002. 2. 26. 선고 2001다77697 판결**
>
> 임차인이 임차목적물에서 퇴거하여 임대인의 동시이행 항변권을 소멸시키고 임차보증금 반환 지체 책임을 지우기 위해서는 임대인에게 퇴거 사실을 알려야 하며, 임차인이 퇴거하면서 그 사실을 임대인에게 알리지 아니한 경우에는 임차목적물 명도의 이행제공이 있었다고 볼 수 없다.

5. 공동임대인에 대한 청구

1) 건물의 공유자가 공동으로 건물을 임대하고 보증금을 수령한 경우, 특별한 사정이 없는 한 그 임대는 각자 공유지분을 임대한 것이 아니라 임대목적물을 다수의 당사자로서 공동으로 임대한 것이고 그 보증금 반환 채무는 성질상 불가분채무에 해당된다고 보아야 할 것이다.(대법원 1998. 12. 8. 선고 98다43137 판결)

2) 따라서 임대차보증금 반환 소송에서 피고(임대인)가 공동으로 건물을 임대한 경우에는 소장 청구취지에 '피고들은 공동하여 원고에게 금 ***원을 지급하라'고 기재하면 된다.

※ 공동임차인

　공동임차인의 임대차보증금반환 청구권이 불가분채권인지 분할채권인지에 대한 견해가 대립되고, 공동임차인 중 한 사람에게 임대차보증금 전액을 돌려줄 경우 분쟁의 소지가 있으므로, 임대인의 입장에서는 공동임차인 전부를 상대로 공탁을 하는 것이 안전하다.

소　　장

원　고　홍길동
　　　　　서울 광진구 광나루로13길 1234

피　고　김철중
　　　　　경기도 평택시 평택1로12번길 1234

임대차보증금반환 청구의 소

청　구　취　지

1. 피고는 원고에게 금 175,000,000원을 지급하라.
2. 소송비용은 피고의 부담으로 한다.
3. 제1항은 가집행 할 수 있다.
라는 판결을 구합니다.

청　구　원　인

1. 당사자 지위

　원고는 2018. 1. 12. 소외 ***과 사이에 '서울 광진구 광나루로13길 1234' 건물(이하 '이 사건 건물'이라고 합니다)에 관하여 임차보증금 175,000,000원, 임대차기간 2018. 1. 19.부터 2020. 1. 18.까지로 하는 임대차계약(이하 '이 사건 임대차계약'이라고 합니다)을 체결한 임차인이고, 피고는 2018. 5. 29. 이 사건 건물의 소유권을 취득하여 임대인의 지위를 승계한 사람이므로, 원고와 피고는 2018. 6. 7. 이 사건 임대차계약을 승계하는 의미로 동일한 내용의 임대차계약서를 작성하였습니다(갑 제1호증 최초 임대차계약서, 갑 제2호증 최종 임대차계약서, 갑 제3호증 등기사항전부증명서).

2. 임대차계약의 종료

 이후 이 사건 임대차계약은 묵시적으로 갱신되었으나, 원고와 2021. 10. 26. 이 사건 임대차계약 갱신 거절의 뜻을 통지하였고, 그 통지는 2021. 10. 28. 피고에게 도달되었습니다(갑 제4호증 내용증명 및 우편배송조회).

3. 결어

 따라서 원고는 피고로부터 임차보증금 175,000,000원의 반환을 청구하고자 본 소를 제기하기에 이른 것입니다.

입 증 방 법

1. 갑 제1호증   최초 임대차계약서
1. 갑 제2호증   최종 임대차계약서
1. 갑 제3호증   등기사항전부증명서
1. 갑 제4호증   내용증명 및 우편배송조회

2022년 2월   일

원고 홍 길 동

서울동부지방법원   귀중

부동산인도 및 임대차 소송 실무

제2장

가압류

1. 보전처분이란

1) 우리나라 법률에서는 자력구제를 허용하지 아니하므로 권리자가 권리를 실현하기 위해서는 민사소송으로 집행권원(판결문, 조정조서, 화해권고결정 등)을 얻은 후 다시 법원을 통해 강제집행을 실행하여 권리의 실현을 하게 된다. 그런데 민사소송은 대체로 많은 시간이 소요되므로, 그 사이에 채무자가 재산을 처분하거나 다툼의 대상에 법률적 변동이 생기게 되면 채권자를 집행권원을 얻더라도 궁극적 목적에 도달할 수 없게 된다.

2) 예를 들어 채권자가 대여금 1억원에 대한 청구 소송을 제기할 당시에는 채무자가 아파트를 소유하고 있었는데, 채권자가 1억원 전부에 대한 승소 판결을 받아 채무자의 아파트에 대한 경매를 신청하려고 보니 이미 다른 사람에게 소유권이 이전되었다면 채권자는 승소 판결은 실질적으로 아무런 효용이 없다.

3) 이러한 결과를 방지하기 위해 채권자는 소의 제기를 전후하여 가급적 빨리 채무자의 재산이나 다툼의 대상을 현재 상태로 보전하는 조치가 필요한데 이를 보전조치라고 하며, 금전 또는 금전으로 환산할 수 있는 채권을 피보전권리로 하는 보전처분을 가압류, 금전 이외의 권리를 피보전권리로 하는 보전처분을 가처분이라고 한다.

4) 보전처분에서는 민사소송과 달리 당사자를 원고, 피고라 부르지 않고, 보전처분 신청인을 채권자, 그 상대방을 채무자라고 부른다.

2. 임차보증금반환 소송과 가압류

임차인이 최선순위 임차인이고 임차목적물의 시세가 임차보증금을 상회한다면 임차인은 임차목적물이 경매되더라도 임차보증금을 반환 받을 것이 거의 확실하므로 가압류를 할 필요가 없다.

그러나 선순위 가압류나 근저당권이 있고, 그 뒤에 임대차계약을 체결한 임차인이라면 임차목적물의 경매 시 예상 매각 가격과 자신이 배당받을 금액을 계산하여 부족할 것으로 예상되는 금액에 대하여 임대인 소유 재산에 가압류를 할 필요가 있다. 물론 배당받을 금액이 부족할 것이라는 것에 대한 소명은 임차인이 해야 한다.

3. 관할 법원

본안 소송의 관할법원 또는 가압류 할 물건이 있는 곳을 관할하는 법원

4. 가압류의 종류

가. 부동산 가압류

임대인이 임차목적물 외에 다른 부동산을 소유하고 있다면 이에 대한 가압류를 신청할 수 있다.

나. 채권 가압류

채권 가압류는 통상 임대인이 제3자에 대하여 가지는 금전채권에 대하여 압류하는 것을 말하며, 임대인의 예금계좌, 임대인이 급여소득자인 경우에는 급여, 개인사업자인 경우에는 카드매출대금 등에 대하여 가압류를 신청할 수 있다.

다. 자동차, 건설기계 등에 대한 가압류

부동산가압류신청

채 권 자   홍길동
　　　　　　서울 중구 다산로39길 1234

채 무 자   김철중
　　　　　　경상북도 경주시 충효2길 1234

청구채권의 표시 : 금 50,000,000원정

피보전권리의 요지 : 임차보증금반환청구권

가압류하여야 할 부동산의 표시 : 별지 목록 기재와 같음

신 청 취 지

채권자가 채무자에 대하여 가지고 있는 위 채권의 집행보전을 위하여 채무자 소유의
별지 목록 기재 부동산을 가압류한다.
라는 재판을 구합니다.

신 청 이 유

1. 당사자 지위

　채권자는 '경기도 파주시 동산7길 1234(이하 ' 이 사건 부동산 '이라고 합니다)'에
관하여 임차보증금 5천만원, 임대차기간 2016. 2. 29.부터 2018. 2. 28.까지로 하는 임
대차계약(이하 '이 사건 임대차계약'이라고 합니다)을 체결한 임차인이고, 채무자는
이 사건 부동산의 소유자 겸 임대인입니다(소갑 제1호증 임대차계약서).

2. 임대차계약의 해지

 이후 이 사건 임대차계약은 묵시적으로 갱신되었으나, 묵시적 갱신이 된 경우라도 임차인은 임대인에게 언제든 임대차계약의 해지를 통지할 수 있고 임대인이 그 통지를 받은 날로부터 3개월이 지나면 해지의 효력이 발생하는바(주택임대차보호법 제6조의2), 채권자는 2018. 5. 22. 임대인에게 임대차계약 해지 통지를 하였고 그 통지는 2018. 5. 23. 채무자에게 도달되었습니다(소갑 제2호증 내용증명).

 따라서 이 사건 임대차계약은 2018. 8. 23. 해지되었음이 명백합니다.

3. 보전의 필요성

 따라서 채권자는 위 임차보증금을 반환받기 위해 2019. 7. 4. 채무자를 상대로 귀원 2019가단1234 임대차보증금반환 소송을 제기하였으나, 채무자는 자꾸 기일을 연기하며 시간을 끌고 있습니다(소갑 제3호증 대법원 사건검색내역).

 한편 이 사건 부동산의 시세는 금 6천만원인데(소갑 제4호증 실거래가 조회), 채권최고액 5천만원의 최선순위 근저당권이 설정되어 있어 한 차례만 유찰되더라도 채권자는 배당을 받지 못할 상황이므로, 채무자 소유의 별지 목록 기재 건물에 지금 가압류를 해두지 는다면 채권자가 본안소송에서 승소판결을 얻더라도 집행이 불가능할 것으로 보입니다.

4. 담보제공명령

 채권자는 현재 채무자로부터 임차보증금을 반환 받지 못해 경제적으로 매우 어려운 바, 이 사건에 대한 담보제공은 보증보험회사와 지급보증위탁을 체결한 문서를 제출하는 것으로 해주시길 간곡히 요청드립니다.

소 명 방 법

1. 소갑 제1호증   임대차계약서

2. 소갑 제2호증   내용증명

3. 소갑 제3호증   대법원 사건검색내역

4. 소갑 제4호증   실거래가 조회

첨 부 서 류

1. 가압류신청 진술서   1부

1. 부동산등기부등본   각 1부

2020년   1월   일

채권자 홍 길 동

의정부지방법원 고양지원   귀중

---

1. 피보전권리(청구채권)와 관련하여

가. 채무자가 신청서에 기재한 청구채권을 인정하고 있습니까?

    ☑ 예

    □ 아니오

    □ 기타 :

나. 채무자의 의사를 언제, 어떠한 방법으로 확인하였습니까? (소명자료 첨부)

    문자 회신으로 확인

다. 채권자가 신청서에 기재한 청구금액은 본안소송에서 승소할 수 있는 금액으로 적정하게 산출된 것입니까? (과도한 가압류로 인해 채무자가 손해를 입으면 배상하여야 함)

    ☑ 예   □ 아니오

2. 보전의 필요성과 관련하여

가. 채권자가 채무자의 재산에 대하여 가압류하지 않으면 향후 강제집행이 불가능하거나 매우 곤란해질 사유의 내용은 무엇입니까?

    별지 목록 부동산 외 소유재산 없음

나. 채권자는 신청서에 기재한 청구채권과 관련하여 공정증서 또는 제소전화해조서가 있습니까?

    <u>없습니다.</u>

다. 채권자는 신청서에 기재한 청구채권과 관련하여 취득한 담보가 있습니까? 있다면 이 사건 가압류를 신청한 이유는 무엇입니까?

    <u>없습니다.</u>

라. [채무자가 (연대)보증인인 경우] 채권자는 주채무자에 대하여 어떠한 보전조치를 취하였습니까?

마. [다수의 부동산에 대한 가압류신청인 경우] 각 부동산의 가액은 얼마입니까? (소명자료 첨부)

　　각 50,000,000원(실거래가 조회)

바. [유체동산 또는 채권 가압류신청인 경우] 채무자에게는 가압류할 부동산이 있습니까?
　　□ 예　　　　□ 아니오

사. ["예"로 대답한 경우] 가압류할 부동산이 있다면, 부동산이 아닌 유체동산 또는 채권 가압류신청을 하는 이유는 무엇입니까?
　　□ 이미 부동산상의 선순위 담보 등이 부동산가액을 초과함 → 부동산등기부등본 및 가액소명자료 첨부
　　□ 기타 사유　→ 내용 :

아. [유체동산가압류 신청인 경우]
　　① 가압류할 유체동산의 품목, 가액은?

　　② 채무자의 다른 재산에 대하여 어떠한 보전조치를 취하였습니까? 그 결과는?

3. 본안소송과 관련하여

가. 채권자는 신청서에 기재한 청구채권과 관련하여 채무자를 상대로 본안소송을 제기한 사실이 있습니까?
　　☑ 예　　　　□ 아니오

나. ["예"로 대답한 경우]
　　① 본안소송을 제기한 법원.사건번호.사건명은?
　　　의정부지방법원 고양지원 2019가단1234 임대차보증금반환

② 현재 진행상황 또는 소송결과는?

　　2019. 7. 4. 소장 접수

다. ["아니오"로 대답한 경우] 채권자는 본안소송을 제기할 예정입니까?

　　□ 예 → 본안소송 제기 예정일 :

　　□ 아니오 → 사유 :

4. 중복가압류와 관련하여

가. 채권자는 신청서에 기재한 청구채권(금액 불문)을 원인으로, 이 신청 외에 채무자를 상대로 하여 가압류를 신청한 사실이 있습니까? (과거 및 현재 포함)

　　□ 예　　☑ 아니오

나. ["예"로 대답한 경우]

　　① 가압류를 신청한 법원.사건번호.사건명은?

　　② 현재 진행상황 또는 결과(취하/각하/인용/기각 등)는? (소명자료 첨부)

다. [다른 가압류가 인용된 경우] 추가로 이 사건 가압류를 신청하는 이유는 무엇입니까?
　　(소명자료 첨부)

제3장

부동산경매 절차

임차인이 임대차보증금 반환 소송에서 승소하면 그 집행권원을 가지고 임대인의 재산에 대하여 강제집행을 하여 보증금을 회수하는 것이 최종 목표이나, 대부분 임차보증금이 고액이므로 채권압류 등의 조치보다는 임차목적물을 경매하는 것이 일반적이다.

따라서 본 장에서는 임차인의 입장에서 부동산 경매 절차와 유의할 점에 대해서 살펴보고자 한다.

🏠 **경매 절차**

> 경매신청 → 배당요구종기 결정 및 공고 → 매각준비(현황조사명령, 감정평가 등) → 매각방법, 매각기일 및 매각결정기일의 지정 및 공고 → 매각 실시 → 매각허부결정 → 매각대금 납부 → 배당절차, 소유권이전등기의 촉탁 및 인도명령

1. 경매신청

1) 경매신청은 반드시 서면으로 해야 하고, 인지대, 송달료와 더불어 등록세 및 교육세를 납부하여 접수한다. 또한 경매예납금도 납부해야 하는데 이는 현황조사수수료, 감정료, 매각수수료 등에 지출되는 비용이므로, 미리 확정할 수 있는 금액은 아니며 대략의 예상비용을 법원에 문의하여 납부하거나 일정액을 납부 후 법원의 보정명령을 받아 추가 금액을 납부하면 된다.

2) 부동산 경매의 관할법원은 부동산 소재지의 지방법원이고, 이는 전속관할이므로 당사자 합의에 의하여 변경할 수 없다.

3) 부동산의 압류는 채무자에게 경매 개시결정문이 송달된 때 또는 경매개시결정 등기가 된 때에 효력이 발생하고, 채무자에 대한 경매개시결정의 고지 없이는 유효하게 매각절차를 진행할 수 없으므로 채무자 겸 소유자인 임대인에게 개시결정문을 송달해야 하는데, 경매절차도 소송절차와 마찬가지로 공시송달이 가능하나 실무상 여러 차례 특별송달을 한 후에야 공시송달을 해준다.

부동산강제경매신청

채 권 자   홍길동

　　　　　서울 광진구 광나루로13길 1234

채 무 자   김철중

　　　　　경기도 평택시 평택1로12번길 1234

소 유 자   채무자와 같음

청 구 금 액

금 180,000,000원

집행권원의 표시

서울동부지방법원 2022가단1234 임대차보증금 사건의 집행력 있는 판결문 정본

경매할 부동산의 표시

별지 목록 기재와 같음

신 청 취 지

1. 채권자의 채무자에 대한 위 청구금액의 변제에 충당하기 위하여 별지 목록 기재 부동산에 대한 강제경매절차를 개시한다.
2. 채권자를 위하여 별지 목록 기재 부동산을 압류한다.
라는 재판을 구합니다.

신 청 이 유

1. 채권자는 채무자에 대하여 위 집행력 있는 집행권원 정본에 의한 금 180,000,000원의 채권을 가지고 있습니다.
2. 그런데 채무자는 위 채무를 지금까지 이행하지   고 있습니다.
3. 따라서 채권자는 위 채권의 변제에 충당하기 위하여 채무자 소유의 별지 목록 기재 부동산에 대하여 강제경매를 신청합니다.

첨 부 서 류

1. 별지 목록
1. 이해관계인 목록
1. 집행력 있는 판결문 정본
1. 부동산등기부등본
1. 채무자 주민등록초본

2022년 5월 22일

채권자 홍 길 동

서울동부지방법원   귀중

2. 배당요구종기 결정 및 공고

경매법원은 경매개시결정에 따른 압류의 효력이 발생하면 첫 매각기일 이전에 배당요구종기일을 지정하는데, 배당요구종기일까지 제출된 권리신고서 등을 통해 매수를 희망하는 사람은 매수 시 인수해야 하는 권리를 파악하고, 경매법원은 무잉여 여부를 판단할 수 있다.

3. 매각 준비 절차

1) 경매개시결정이 되면 경매개시결정 정본을 채무자 및 소유자에게 송달해야 하는데, 소송에서와 마찬가지로 경매 절차에서도 공시송달이 가능하나 경매법원에서는 채무자 및 소유자에 대한 경매개시결정문 송달을 공시송달로 처리하는 것에 부담을 느끼므로, 주간특별송달/ 야간특별송달/ 공휴일특별송달 등 가능한 송달방법을 전부 실시하고 난 후에야 공시송달 처리를 해준다.

2) 경매개시결정이 되면 경매법원은 현황조사명령 및 감정평가명령을 하여 최저매각가격을 정하고, 배당요구종기일을 정하여 경매 이해관계인 등에게 고지한다.

4. 권리신고와 배당요구

1) 권리신고는 경매 목적물에 대하여 일정한 권리가 있음을 신고하는 것이고, 배당요구는 경매 목적물의 매각대금에서 변제를 요구하는 것으로 서로 별개의 것이나, 채권자 또는 임차인이 배당을 요구할 경우 통상 이 두 가지를 하나의 신청서에 기재하여 배당요구종기일까지 제출한다.

2) 경매 목적물의 임차인은 압류권자나 근저당권자처럼 부동산 등기사항증명서에 기

재되어 있지는 않으나, 권리신고를 한 임차인은 경매 절차의 이해관계인이 되어 경매 법원으로부터 각종 통지를 받게 되고, 경매 기일에 출석하거나 진술할 수 있는 권리를 갖게 된다.

3) 임차인이 권리신고서 및 배당요구신청서를 제출할 때에는 임대차계약서 사본(확정일자 기재된 것)과 주민등록등본을 첨부하여 제출한다. 임차인이 경매를 신청한 채권자인 경우에는 권리신고 및 배당요구의 의사를 이미 법원에 표시했다고 여겨지나, 배당요구종기일이 정해지면 임차인은 임대차계약 내용과 확정일자를 확인시켜주는 의미에서 권리신고서 및 배당요구신청서를 제출하는 것이 실무이다.

4) 대항력 있는 임차인이 배당요구를 하였으나 매각대금에서 임차보증금 전액을 배당받지 못한 경우 임대차는 소멸하지 않으므로, 임차인은 매수인에 대하여 임차목적물의 인도를 거절할 수 있다.

권리신고 및 배당요구신청서(주택임대차)

사건번호 2022타경00000 부동산강제경매
채 권 자 홍길동
채 무 자 김흥부
소 유 자 채무자와 같음

 임차인은 이 사건 매각절차에서 임차보증금을 변제받기 위하여 아래와 같이 권리신고 및 배당요구신청을 합니다.

아   래

1	임차부분	전부 ※ 건물 일부를 임차한 경우 뒷면에 임차부분을 특정한 내부구조도를 그려 주시기 바랍니다.
2	임차보증금	보증금 180,000,000원에 월세 0원
3	배당요구금액	☑보증금과 같음 □(보증금과 다름) 원 ※ 해당 □에 ✓표시하여 주시고, 배당요구금액이 보증금과 다른 경우에는 다른 금액을 기재하시기 바랍니다.
4	점유(임대차)기간	2017. 12. 21.부터 현재까지
5	전입일자 (주민등록전입일)	2017. 12. 22.
6	확정일자 유무	유(2017. 12. 22.), 무
7	임차권.전세권등기	유(2022. 2. 3.), 무
8	계약일	2017. 12. 3.
9	계약당사자	임대인(소유자) 김흥부 임차인 홍길동
10	입주한 날 (주택인도일)	2017. 12. 21.

첨 부 서 류

1. 임대차계약서 사본 1통
2. 주민등록표등.초본(주소변동사항 포함) 1통

2022년 5월   일

권리신고인 겸 배당요구신청인 홍 길 동 (날인 또는 서명)
(주소 :   )
(연락처 :   )
서울중앙지방법원   귀중

※ 임차인은 기명날인에 갈음하여 서명을 하여도 되며, 연락처는 언제든지 연락 가능한 전화번호나 휴대전화번호 등(팩스, 이메일 주소 등 포함)을 기재하시기 바랍니다.

5. 배당기일, 배당이의

1) 매수인이 법원에 매각대금을 납부하면 경매법원은 그 매각대금으로 배당을 하게 된다. 배당기일이 정해지면 경매법원은 각 채권자에게 채권계산서를 제출할 것을 최고하고, 제출된 채권계산서 등을 기초로 배당표원안(배당계획안)을 작성하는데, 채권자들은 배당기일 3일 전부터 배당표원안을 열람해볼 수 있다.

2) 배당표원안에 이의가 있는 채권자는 배당기일에 출석하여 이의를 해야 하고, 변호사가 아닌 다른 사람도 대리인으로 출석하여 이의를 제기할 수 있다.

3) 집행력 있는 집행권원 정본을 가지지 아니한 채권자에 대하여 이의한 채무자와 다른 채권자에 대하여 이의한 채권자는 '배당이의의 소'를 제기해야 하고, 배당기일로부터 1주 이내에 집행법원에 소제기증명원을 제출해야 하며, 이를 제출하지 아니한 경우에는 이의를 취하한 것으로 본다. 채무자가 집행력 있는 집행권원 정본을 가진 채권자에 대하여 이의를 한 경우에는 '배당이의의 소'가 아니라 '청구이의의 소'를 제기해야 한다.

6. 임차인의 배당금 수령

1) 임차인이 배당금을 수령하기 위해서는 매수인의 명도확인서(매수인의 인감증명서 첨부)와 임대차계약서, 주민등록등본을 제출해야 한다. 현황조사보고서 등의 자료에 의해 임차인이 임차건물(경매목적물)을 점유하지 않고 있는 것이 소명된 때에는 명도확인서를 제출하지 않아도 된다.

2) 대항력 있는 임차인이 배당요구를 하였으나 보증금의 일부만 배당받았다면 임차목적물을 인도할 의무가 없으므로, 명도확인서를 제출하지 않아도 배당받을 수 있다.

명 도 확 인 서

사건번호 :
채 권 자 :
채 무 자 :
매 수 인 :

부동산의 표시 :

매수인은 위 사건에 관하여 아래 임차인이 그 점유부동산을 201 년 월   일 매수인
에게 명도하였음을 확인합니다.

아   래

임 차 인 :
주   소 :

첨부서류 : 매수인의 인감증명서 1통

2013년   월   일

매 수 인   (인)
         (연락처 :   )

     지방법원   귀중

☞유의사항
1) 주소는 경매기록에 기재된 주소와 같아야 하며, 이는 주민등록상 주소이어야 합니다.
2) 임차인이 배당금을 찾기 전에 이사를 하기 어려운 실정이므로, 매수인과 임차인간에 이사날
   짜를 미리 정하고 이를 신뢰할 수 있다면 임차인이 이사하기 전에 매수인은 명도확인서를
   해줄 수도 있습니다.

7. 말소기준권리

　지금까지는 임차보증금 반환을 위해 소송을 제기하고 경매를 신청하여 배당을 받기까지의 내용을 살펴보았으나, 임차인이 경매를 신청하기 전에 실익을 분석하고, 임차인 자신이 대항력 있는 임차인인지 여부를 알려면 말소기준권리에 대해서 알아야 한다.

가. 말소기준권리

　아래 말소기준권리가 될 수 있는 것 들 중에서 등기기입순서가 가장 **빠른** 것을 말소기준권리라 하고, 말소기준권리 이후에 설정된 모든 권리는 매각 후 소멸되는 것이 원칙이므로, 말소기준권리가 무엇인지 파악하는 것이 경매 분석을 하는데 가장 기본이 된다.

　※ 말소기준권리가 될 수 있는 것들
　- 최선순위 저당권, 근저당권
　- 최선순위 압류, 가압류
　- 최선순위 담보가등기
　- 위 3가지가 없는 경우에는 경매개시결정 등기

나. 매수인(낙찰자)이 인수해야 하는 권리

　- 말소기준권리보다 **빠른** 일자로 대항력을 갖춘 주택 및 상가 임차인의 권리는 매수인이 인수하여야 한다. 그러나 임차인이 배당요구신청을 하여 임차보증금 전액을 배당받으면 임차인의 권리는 인수되지 않는다. 단, 임차인이 배당요구종기일 이전에 배당요구를 철회할 수 있고, 그러한 임차인의 권리는 매수인에게 인수된다.
　- 말소기준권리보다 **빠른** 일자의 가처분, 순위보전가등기(담보가등기는 제외), 환매등기
　- 말소기준권리보다 **빠른** 용익물권(지상권, 지역권, 전세권), 단 최선순위 전세권자가 배

당요구종기 내에 배당요구를 한 경우에는 그 전세권이 말소기준권리가 된다.

- 경매 목적물의 종전 소유자를 채무자로 하는 가압류 등기가 기입되어 있고, 경매 법원이 그 가압류등기의 부담을 매수인이 인수하는 것으로 하여 가압류 채권자를 배당에서 배제하고 매각을 진행시킨 경우 그 가압류등기

- 유치권, 예고등기, 법정지상권, 분묘기지권은 말소기준권리와 상관없이 매수인에게 인수된다.

다. 매각 후 소멸되는 권리

- 모든 저당권, 근저당권, 담보가등기
- 압류, 가압류
- 말소기준권리보다 늦은 임차권, 가처분, 가등기, 용익물권(지상권, 지역권, 전세권)

8. 부동산인도명령

매각절차에서 경매목적물을 매수한 매수인은 경매 사건의 채무자, 소유자, 임차인 등의 점유자를 상대로 부동산인도명령 신청을 할 수 있다.

> **민사집행법 제136조(부동산인도명령 등) 제1항**
>
> 법원은 매수인이 대금을 낸 뒤 6월 이내에 신청하면 채무자·소유자 또는 부동산 점유자에 대하여 부동산을 매수인에게 인도하도록 명할 수 있다. 다만, 점유자가 매수인에게 대항할 수 있는 권원에 의하여 점유하고 있는 것으로 인정되는 경우에는 그러하지 아니하다.

1) 인도명령의 신청은 매수대금을 납부한 날로부터 6개월 이내에 신청해야 하므로, 6개월이 경과하면 인도소송을 제기해야 한다. 법원은 인도명령 절차에서 당사자를

심문하거나 변론기일을 열 수 있으나 변론을 거치지 않는 경우가 많으므로 인도소송에 비해 신속하게 결정된다.

2) 인도명령에 대하여 피신청인은 즉시항고를 할 수 있으나, 즉시항고가 제기되더라도 집행정지의 효력이 있는 것은 아니므로, 신청인(매수인)은 확정증명원이 없더라도 송달증명원과 집행문을 부여받아 강제집행을 신청할 수 있다. 피신청인이 강제집행정지 결정을 받기 위해서는 즉시항고와 별도로 강제집행정지신청을 해야 한다.

부동산인도명령신청

신 청 인   홍길동
           강원도 고성군 거진읍 거탄진로**번길 11
피신청인   김흥부
           서울특별시 구로구 오류로8길 ***

신 청 취 지

서울남부지방법원 2015타경****호 부동산강제경매 사건에 관하여 피신청인은 신청인에게 별지 목록 기재 건물을 인도하라.
라는 재판을 구합니다.

신 청 이 유

1. 신청인은 서울남부지방법원 2015타경***호 부동산강제경매 사건의 경매절차에서 별지 목록 기재 부동산을 매수한 매수인으로서 2015. 12. 18. 소유권을 취득하였습니다.

2. 피신청인은 위 경매 절차에서 임차인이라고 주장하였으나, 피신청인은 전입신고를 하지 아니하였는바 대항력이 없으므로, 별지 목록 기재 부동산을 신청인에게 인도할 의무가 있습니다.

3. 따라서 신청인은 피신청인으로부터 별지 목록 기재 부동산을 인도 받기 위하여 이 사건 인도명령을 신청합니다.

2016년 1월   일
위 신청인(매수인) 홍 길 동

서울남부지방법원 귀중

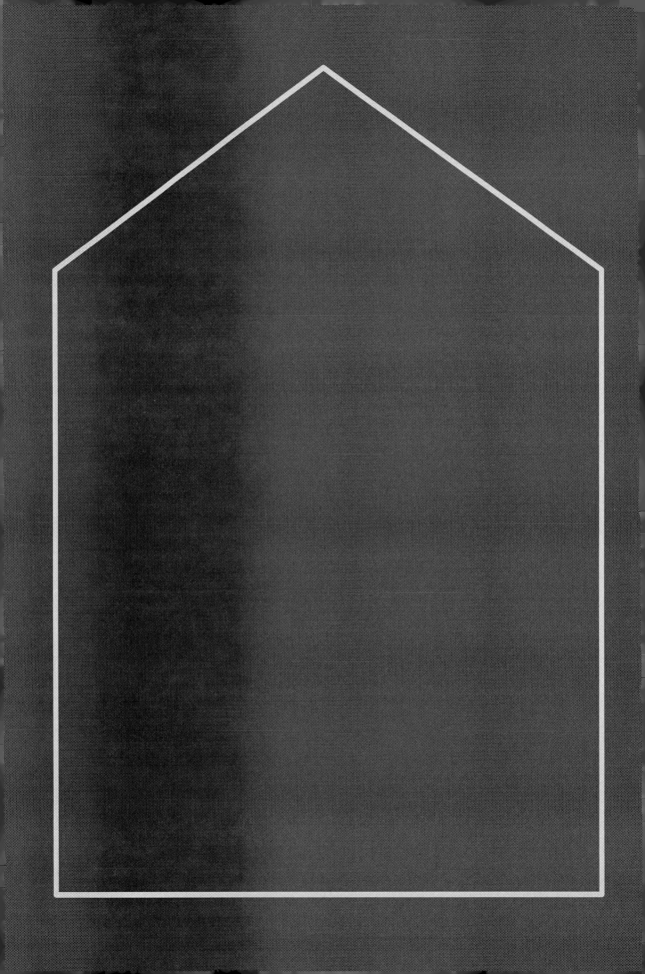

제5편

주요 판례 20선

1. 구 상가임대차법 제10조 제2항에 따라 전체 임대차기간이 5년을 초과하여 계약갱신요구권을 행사할 수 없는 경우에도 임대인이 권리금 회수기회 보호의무를 부담하는지

건물명도·보증금반환

[대법원 2020. 9. 3., 선고, 2018다252441, 252458, 판결]

【판시사항】

[1] 구 상가건물 임대차보호법 제10조 제2항에 따라 최초의 임대차기간을 포함한 전체 임대차기간이 5년을 초과하여 임차인이 계약갱신요구권을 행사할 수 없는 경우에도 임대인이 같은 법 제10조의4 제1항에 따른 권리금 회수기회 보호의무를 부담하는지 여부(적극)

[2] 임대인이 스스로 영업할 계획이라는 이유만으로 임차인이 주선한 신규 임차인이 되려는 자와 임대차계약의 체결을 거절한 경우, 구 상가건물 임대차보호법 제10조의4 제1항 제4호에서 정한 정당한 사유가 있다고 볼 수 있는지 여부(소극)

【참조조문】

[1] 구 상가건물 임대차보호법(2018. 10. 16. 법률 제15791호로 개정되기 전의 것) 제10조 제2항, 제10조의4

[2] 구 상가건물 임대차보호법(2018. 10. 16. 법률 제15791호로 개정되기 전의 것) 제10조의4 제1항 제4호

【참조판례】

　　[1][2] 대법원 2019. 5. 30. 선고 2018다261124, 261131 판결 / [1] 대법원 2019. 5. 16.
　　　선고 2017다225312, 225329 판결(공2019하, 1226)

【전문】

【원고(반소피고), 피상고인】

　　원고(반소피고) (소송대리인 변호사 이준하)

【피고(반소원고), 상고인】

　　피고(반소원고) (소송대리인 법무법인 혜안 담당변호사 최병천)

【원심판결】

　　수원지법 2018. 7. 4. 선고 2017나74542, 74559 판결

【주문】

　　원심판결의 반소에 관한 피고(반소원고) 패소 부분 중 손해배상청구 부분을 파기하
고, 이 부분 사건을 수원지방법원에 환송한다.

【이유】

　　상고이유를 판단한다.
1. 원심판결 이유와 기록을 살펴보면 다음과 같은 사실을 알 수 있다.

가. 피고(반소원고, 이하 '피고'라고 한다)는 1990. 1. 10. 무렵부터 이 사건 상가에서 음식점을 운영해 오다가, 1995. 1. 12. 이 사건 상가의 소유권을 취득하였다. 피고는 2003. 5. 6. 소외 1에게 이 사건 상가를 매도한 후 같은 해 6. 5. 소외 1로부터 이 사건 상가를 보증금 2,000만 원, 월 차임 150만 원, 계약기간 2003. 6. 5.부터 1년으로 정하여 임차하였고, 이후 이 사건 임대차계약은 묵시적으로 갱신되어 왔다.

나. 원고(반소피고, 이하 '원고'라고 한다)는 2015. 5. 13. 소외 1로부터 이 사건 상가를 매수하고 같은 해 5. 29. 소유권이전등기를 마친 후, 2016. 1. 무렵 피고에게 같은 해 6. 4.자로 이 사건 임대차가 종료됨을 통지하였다.

다. 피고는 2016. 3. 9. 소외 2와 이 사건 상가에 관하여 5,000만 원의 권리금계약을 체결한 다음, 같은 해 3. 22. 원고에게 신규 임차인으로 소외 2를 주선하며 임대차계약 체결을 요구하였다. 그러나 원고는 자신이 이 사건 상가에서 직접 샌드위치 가게를 운영할 계획이라는 이유로 피고의 요구를 거절하였다.

2. 원심은 그 판시와 같은 이유를 들어, 구「상가건물 임대차보호법」(2018. 10. 16. 법률 제15791호로 개정되기 전의 것, 이하 '구 상가임대차법'이라고 한다) 제10조의4(권리금 회수기회 보호 등)는 같은 법 제10조 제2항이 정한 계약갱신요구권 행사기간인 5년을 초과한 임차인에 대하여는 적용되지 않는다고 보아, 구 상가임대차법 제10조의4가 적용됨을 전제로 한 피고의 이 사건 반소 중 손해배상청구 부분을 배척하였다.

3. 그러나 원심의 판단은 아래와 같은 이유로 받아들이기 어렵다.
   가. 구 상가임대차법 제10조의4의 문언과 내용, 입법 취지에 비추어 보면, 같은 법 제10조 제2항에 따라 최초의 임대차기간을 포함한 전체 임대차기간이 5년을 초과하여 임차인이 계약갱신요구권을 행사할 수 없는 경우에도 임대인은 같은 법 제10조의4 제1항에 따른 권리금 회수기회 보호의무를 부담한다(대법원 2019. 5. 16. 선고 2017다225312, 225329 판결 참조). 또한 임대인이 스스로 영업할 계획이라는 이

유만으로 임차인이 주선한 신규 임차인이 되려는 자와 임대차계약의 체결을 거절한 것에는 구 상가임대차법 제10조의4 제1항 제4호에서 정한 정당한 사유가 있다고 볼 수 없다(대법원 2019. 5. 30. 선고 2018다261124, 261131 판결 등 참조).

나. 앞서 본 사실관계를 위 법리에 따라 살펴보면, 이 사건 상가에 관한 임대기간이 5년을 경과하여 피고가 원고에 대하여 갱신요구권을 행사할 수 없다 하더라도, 구 상가임대차법 제10조의4가 적용되므로 원고는 피고에 대하여 권리금 회수기회 보호의무를 부담한다. 원고가 자신이 이 사건 상가에서 직접 샌드위치 가게를 운영할 계획이 있다는 이유만으로 피고가 주선한 소외 2와의 임대차계약의 체결을 거절한 데에는 정당한 사유가 있다고 볼 수 없으므로, 원고는 피고에게 권리금 회수 방해를 원인으로 한 손해배상채무를 부담한다고 볼 여지가 있다.

다. 그런데도 원심이 그 판시와 같은 이유로 임대기간이 5년을 경과하여 갱신요구권을 행사할 수 없는 임차인에 대하여는 구 상가임대차법 제10조의4가 적용되지 않는다고 보아 이 사건 반소 중 손해배상청구 부분을 배척한 데에는, 구 상가임대차법 제10조의4에 관한 법리를 오해하고 필요한 심리를 다하지 아니하여 판결에 영향을 미친 잘못이 있다.

4. 그러므로 원심판결의 반소에 대한 피고 패소 부분 중 손해배상청구 부분을 파기하고, 이 부분 사건을 다시 심리·판단하도록 원심법원에 환송하기로 하여, 관여 대법관의 일치된 의견으로 주문과 같이 판결한다.

2. 상가건물임대차보호법 제10조의9 특례기간을 포함한 임대료의 변제충당 방법

건물인도등

[대법원 2023. 10. 26. 선고 2023다247399 판결]

【판시사항】

상가임차인의 변제제공이 상가건물 임대차보호법 제10조의9에서 정한 특례기간을 포함하여 그때까지의 연체 차임액 전부에 미치지 못하는 경우, 변제충당의 방법 및 이때 '특례기간의 연체 차임'이 이행기가 도래한 다른 연체 차임보다 후순위로 충당되는지 여부(적극)

【참조조문】

상가건물 임대차보호법 제10조의9, 제15조, 민법 제476조 제1항, 제2항, 제477조

【참조판례】

대법원 2023. 4. 13. 선고 2022다309337 판결(공2023상, 847)

【전문】

【원고, 피상고인】 원고

【피고, 상고인】 피고

【원심판결】 대구지법 2023. 5. 31. 선고 2022나326538 판결

【주문】

원심판결을 파기하고, 사건을 대구지방법원에 환송한다.

【이유】

상고이유를 판단한다.

1. 상가건물 임대차보호법(이하 '상가임대차법'이라고 한다) 제10조의9는 2020. 9. 29.부터 6개월의 기간 동안(이하 '특례기간'이라고 한다) 연체한 차임액을 '계약갱신의 거절사유(제10조 제1항 제1호)', '권리금 회수기회의 제외사유(제10조의4 제1항 단서)' 및 '계약 해지사유(제10조의8)'에서 정한 연체 차임액에서 제외하되, 임대인의 연체 차임액에 대한 그 밖의 권리에는 영향을 미치지 아니한다고 규정하였다. 이는 '코로나바이러스감염증-19' 여파로 국내 소비지출이 위축되고 상가임차인의 매출과 소득이 급감하는 가운데 임대료가 상가임차인의 영업활동에 큰 부담이 되는 실정임을 고려하여, 특례기간 동안 이행기가 도래하는 차임지급채무의 불이행을 이유로 한 임대인의 계약 해지 등 일부 권리의 행사를 제한함으로써 경제적 위기 상황에서 영업기반 상실의 위험으로부터 임차인을 구제하기 위하여 신설된 특례규정이다.

변제충당에 관한 민법 제476조 내지 제479조는 임의규정이지만, 상가임대차법의 규정에 위반된 약정으로서 임차인에게 불리한 것은 효력이 없으므로(상가임대차법 제15조), 임대인과 임차인이 연체 차임과 관련하여 민법상 변제충당과 다른 약정을 체결하였더라도 그것이 임차인에게 불리한 경우에는 효력을 인정할 수 없고, 이 경우에는 상가임대차법 제10조의9의 규정에 반하지 않는 범위 내에서만 민법상 변제충당 규정이 적용된다. 따라서 임차인의 변제제공이 연체 차임액 전부에 미치지 못할 경우에는 임차인이 지정변제충당(민법 제476조 제1항)을 할 수 있으나, 임대인의 지정변제충당(민법 제476

조 제2항)이 상가임대차법 제10조의9에 반하는 경우에는 이를 적용할 수 없고, 임차인의 변제제공 당시를 기준으로 민법 제477조의 법정변제충당의 순서에 따라 변제충당의 효력이 발생할 뿐이다.

결국 임차인의 변제제공이 특례기간을 포함하여 그때까지의 연체 차임액 전부에 미치지 못하는 경우에는, 민법 제477조 제1호, 제2호에 따라 변제제공 시점에 이미 이행기가 도래한 연체 차임의 변제에 먼저 충당하되, 그중 상가임대차법 제10조의9에 따른 '특례기간의 연체 차임'은 임대인의 계약갱신 거절권·계약 해지권 등의 권리 행사가 제한되어 상대적으로 변제이익이 적은 경우에 해당되므로, 이행기가 도래한 다른 연체 차임보다 후순위로 충당된다(대법원 2023. 4. 13. 선고 2022다309337 판결 참조).

2. 원심은 판시와 같은 이유로, 임차인인 피고가 2022. 4. 25. 기준으로 2021. 12. 15.부터 2022. 1. 14.까지의 월 차임 230만 원 중 220만 원 및 2022. 1. 15.부터 2022. 5. 14.까지 4개월분 월 차임 920만 원 합계 1,140만 원(=220만 원 + 920만 원)을 연체하였으므로, 이 사건 임대차계약이 원고의 해지 통지로 2022. 5. 10. 적법하게 해지되었다고 판단하였다.

3. 그러나 원심의 위와 같은 판단은 아래와 같은 이유로 수긍하기 어렵다.

원심판결 이유와 기록에 의하면, 피고는 2015. 9. 15. 원고 등으로부터 포항시 북구 항구동 (지번 1 생략), (지번 2 생략) 소재 3층 건물 중 1층 부분을 2015. 9. 15.부터 2017. 9. 14.까지 임차하는 내용의 임대차계약을 체결하였고, 위 임대차계약이 이후 묵시적으로 갱신된 사실, 이 사건 임대차계약에 따른 월 차임은 2015. 9. 15.부터 2018. 3. 14.까지 198만 원이고, 2018. 3. 15.부터 현재까지 230만 원이며, 매월 15일에 선지급하기로 한 사실, 2015. 9. 15.부터 2020. 9. 28.까지 발생한 연체 차임은 678만 원인 사실, 특례기간인 2020. 9. 29.부터 2021. 3. 28.까지 발생한 월 차임은 1,380만 원(=230만 원×6개월)이고 피고가 위 기간 동안 지급한 월 차임은 700만 원인 사실, 2021. 3. 29.부터 2022. 5. 14.까지 발생한 월 차임은 2,990만 원(=230만 원×13개월)이고, 피고가 2021.

3. 29.부터 2022. 5. 10.까지 지급한 월 차임은 3,220만 원인 사실이 인정된다.

위와 같은 사실관계를 앞서 본 법리에 비추어 살펴보면, 피고의 변제제공이 상가임대차법 제10조의9의 특례기간 및 특례기간 후의 연체 차임액 전부에 미치지 못하고, 합의충당이나 임차인의 지정변제충당 등의 특별한 사정이 없으므로, 민법 제477조의 법정변제충당이 적용되어야 한다. 이에 따라 법정변제충당을 할 경우 특별한 사정이 없는 한, ① 피고가 위 특례기간 중에 지급한 700만 원 중 678만 원은 특례기간 전의 연체 차임 678만 원에 충당되고 남은 22만 원이 특례기간 동안 발생한 월 차임 1,380만 원에 충당되므로, 특례기간 전의 연체 차임은 0원이고, 특례기간의 연체 차임은 1,358만 원(=1,380만 원 - 22만 원)이 되며, ② 피고가 특례기간 후에 지급한 위 3,220만 원 중 2,760만 원은 각 지급 당시 변제기가 도래한 특례기간 후의 월 차임에 먼저 충당되고 남은 460만 원이 특례기간의 연체 차임 1,358만 원에 충당되므로, 특례기간의 연체 차임은 898만 원(=1,358만 원 - 460만 원)이고, 특례기간 후의 연체 차임은 230만 원(=2,990만 원 - 2,760만 원)이 된다. 따라서 위 2022. 5. 10. 기준으로 임대인의 계약 해지권 행사의 기준이 되는 연체 차임은 230만 원에 불과하므로, 상가임대차법 제10조의8에서 정한 계약 해지사유인 3기의 차임액에 미달한다.

그런데도 원심은 피고가 특례기간 후에 변제제공한 돈으로 법정변제충당을 하면서, 피고에게 변제이익이 많은 특례기간 후의 연체 차임에 충당하지 아니하고 변제이익이 적은 특례기간의 연체 차임에 먼저 충당한 후 2022. 5. 10. 기준으로 차임연체액이 약 5기에 달하므로 이 사건 임대차계약이 적법하게 해지되었다고 판단하였다. 이러한 원심의 판단에는 상가임대차법 제10조의9의 특례기간과 법정변제충당에 관한 법리를 오해하여 판결에 영향을 미친 잘못이 있다. 이를 지적하는 피고의 상고이유 주장은 이유 있다.

4. 결론

그러므로 원심판결을 파기하고, 사건을 다시 심리·판단하게 하기 위하여 원심법원에 환송하기로 하여, 관여 대법관의 일치된 의견으로 주문과 같이 판결한다.

3. 임대차계약 종료 후 사용, 수익하고 있는 임차인에 대한 부당이득금의 금액 산정

대법원 2023. 11. 9. 선고 2023다257600 판결
[임대차보증금반환][공2024상,15]

【판시사항】

상가건물 임대차보호법 제9조 제2항의 취지 및 위 법이 적용되는 상가건물의 임차인이 임대차 종료 이후 보증금을 반환받기 전에 임차 목적물을 점유하고 있는 경우, 임차인에게 차임 상당의 부당이득이 성립하는지 여부(소극) / 위 법이 적용되는 임대차가 기간만료나 당사자의 합의, 해지 등으로 종료된 경우, 보증금을 반환받을 때까지 임차 목적물을 계속 점유하면서 사용·수익한 임차인이 시가에 따른 차임 상당의 부당이득금 지급 의무를 부담하는지 여부(소극)

【판결요지】

상가건물 임대차에서 기간만료나 당사자의 합의 등으로 임대차가 종료된 경우에도 상가건물 임대차보호법(이하 '상가임대차법'이라고 한다) 제9조 제2항에 의하여 임차인은 보증금을 반환받을 때까지 임대차관계가 존속하는 것으로 의제된다. 이는 임대차기간이 끝난 후에도 상가건물의 임차인이 보증금을 반환받을 때까지는 임차인의 목적물에 대한 점유를 임대차기간이 끝나기 전과 마찬가지 정도로 강하게 보호함으로써 임차인의 보증금반환채권을 실질적으로 보장하기 위한 것이다. 따라서 상가임대차법이 적용되는 상가건물의 임차인이 임대차 종료 이후에 보증금을 반환받기 전에 임차 목적물을 점유하고 있다고 하더라도 임차인에게 차임 상당의 부당이득이 성립한다고 할 수 없다.

위와 같은 상가임대차법 제9조 제2항의 입법 취지, 상가건물 임대차 종료 후 의제되는 임대차관계의 법적 성격 등을 종합하면, 상가임대차법이 적용되는 임대차가 기간만료나 당사자의 합의, 해지 등으로 종료된 경우 보증금을 반환받을 때까지 임차 목적물을 계속 점유하면서 사용·수익한 임차인은 종전 임대차계약에서 정한 차임을 지급할 의무를 부담할 뿐이고, 시가에 따른 차임에 상응하는 부당이득금을 지급할 의무를 부담하는 것은 아니다.

【참조조문】

상가건물 임대차보호법 제9조 제2항, 민법 제543조 제1항, 제741조

【참조판례】

대법원 2011. 7. 14. 선고 2010다82745 판결
대법원 2020. 7. 9. 선고 2016다244224, 244231 판결(공2020하, 1563)

【전문】

【반소원고, 상고인】 주식회사 온그린푸드 (소송대리인 변호사 조창학)

【반소피고, 피상고인】 반소피고 (소송대리인 법무법인 유로 담당변호사 김화철 외 3인)

【원심판결】 서울중앙지법 2023. 6. 23. 선고 2022나61993 판결

【주문】

원심판결 중 반소원고 패소 부분을 파기하고, 이 부분 사건을 서울중앙지방법원에 환송한다.

【이유】

상고이유를 판단한다.

1. 상가건물 임대차에서 기간만료나 당사자의 합의 등으로 임대차가 종료된 경우에도 「상가건물 임대차보호법」(이하 '상가임대차법'이라고 한다) 제9조 제2항에 의하여 임차인은 보증금을 반환받을 때까지 임대차관계가 존속하는 것으로 의제된다. 이는 임대차기간이 끝난 후에도 상가건물의 임차인이 보증금을 반환받을 때까지는 임차인의 목적물에 대한 점유를 임대차기간이 끝나기 전과 마찬가지 정도로 강하게 보호함으로써 임차인의 보증금반환채권을 실질적으로 보장하기 위한 것이다(대법원 2020. 7. 9. 선고 2016다244224, 244231 판결 참조). 따라서 상가임대차법이 적용되는 상가건물의 임차인이 임대차 종료 이후에 보증금을 반환받기 전에 임차 목적물을 점유하고 있다고 하더라도 임차인에게 차임 상당의 부당이득이 성립한다고 할 수 없다(대법원 2011. 7. 14. 선고 2010다82745 판결 참조).

   위와 같은 상가임대차법 제9조 제2항의 입법 취지, 상가건물 임대차 종료 후 의제되는 임대차관계의 법적 성격 등을 종합하면, 상가임대차법이 적용되는 임대차가 기간만료나 당사자의 합의, 해지 등으로 종료된 경우 보증금을 반환받을 때까지 임차 목적물을 계속 점유하면서 사용·수익한 임차인은 종전 임대차계약에서 정한 차임을 지급할 의무를 부담할 뿐이고, 시가에 따른 차임에 상응하는 부당이득금을 지급할 의무를 부담하는 것은 아니다.

2. 그럼에도 원심은 이 사건 임대차가 기간만료로 종료된 이후 임차인인 반소원고가 반소피고에게 이 사건 부동산을 인도한 2022. 2. 28.까지 임대차보증금 4,200만 원을 반환받지 못하였음에도 이 사건 부동산의 사용·수익에 따른 부당이득금을 반환할 의무가 있고, 그 기간 동안의 시가에 따른 차임인 월 13,061,000원이 약정 차임인 월 420만 원과 현격한 차이가 있다는 이유로 부당이득금의 액수는 전자를 적용하여 산정하는 것이 타당하다고 판단하였다.

이러한 원심의 판단에는 상가임대차법 제9조 제2항에 관한 법리를 오해하여 판결에 영향을 미친 잘못이 있다.

3. 결론

원심판결 중 반소원고 패소 부분을 파기하고, 이 부분 사건을 다시 심리·판단하도록 원심법원에 환송하기로 하여, 관여 대법관의 일치된 의견으로 주문과 같이 판결한다.

※ <u>그러나 임차인이 사용·수익하지 않는 경우에는 차임 또는 차임 상당의 부당이득금을 부담하지 않는다</u>(제17번 대법원 1998. 5. 29. 선고 98다6497 판결 참조).

4. 대항력 없는 임차인의 경우, 임차주택이 다른 사람에게 이전되었더라도 임대인이 임차보증금 반환의무를 부담하는지

대법원 2023. 6. 29. 선고 2020다276914 판결
[임대차보증금]

【판시사항】

[1] 대항력을 갖추지 못한 임차인의 경우, 임차주택이 다른 사람에게 이전되었더라도 임대인이 임차보증금 반환의무를 부담하는지 여부(원칙적 적극)

[2] 임차주택의 양수인에게 대항할 수 있는 임차권자라도 스스로 임대차관계의 승계를 원하지 않는 경우, 승계되는 임대차관계의 구속을 면할 수 있는지 여부(적극)

【참조조문】

[1] 주택임대차보호법 제3조 제4항 [2] 민법 제2조, 주택임대차보호법 제3조 제4항

【참조판례】

[2] 대법원 1996. 7. 12. 선고 94다37646 판결(공1996하, 2458)

【전문】

【원고, 상고인】 원고 (소송대리인 법무법인 원율 담당변호사 최상관 외 1인)

【피고, 피상고인】 피고

【원심판결】 대구지법 2020. 10. 14. 선고 2020나302538 판결

【주문】

원심판결을 파기하고, 사건을 대구지방법원에 환송한다.

【이유】

상고이유를 판단한다.

1. 사건의 개요

원심판결의 이유와 기록에 따르면 다음과 같은 사실을 알 수 있다.

가. 원고는 2016. 4. 4. 이 사건 주택의 소유자인 피고로부터 이 사건 주택을 보증금
185,000,000원, 임대차기간 2016. 4. 14.부터 2018. 4. 13.까지로 정하여 임차하
면서(이하 '이 사건 임대차계약'이라 한다), 피고와 이 사건 임대차계약과 동일한 내용
의 전세권설정계약도 체결하였다.

나. 원고는 2016. 4. 14. 피고에게 보증금을 모두 지급한 후 확정일자를 받고 주민등
록법상 전입신고를 마쳤으며, 같은 날 이 사건 주택에 관하여 전세권설정등기도
마쳤다.

다. 이 사건 임대차계약기간이 종료되었음에도 피고가 보증금을 반환하지 않자, 원
고가 2018. 5. 3. 전세권 실행을 위한 경매신청을 함으로써 이 사건 주택에 관한
경매절차가 개시되었다(이하 '이 사건 경매절차'라 한다).

라. 소외인은 이 사건 경매절차에서 최고가매수신고인이 되어 매각허가결정을 받은

다음 2019. 5. 24. 매각대금을 완납하고 이 사건 주택에 관하여 소유권이전등기를 마쳤다. 원고는 신청채권자 겸 전세권자로서 집행비용을 제외한 95,540,378원을 배당받았다.

마. 한편 원고는 2018. 8. 20. 다른 주택에 전입신고를 마침으로써 이 사건 주택에서 전출하였고 이후 소외인에게 이 사건 주택을 인도하였다.

2. 원심의 판단

원심은 피고에게 위와 같이 남은 임차보증금의 반환을 구하는 이 사건 청구에 대하여, 그 판시와 같은 이유로 원고의 대항력 상실로 소외인이 임대인의 지위를 승계하지는 못하였지만, 원고가 이 사건 경매절차에서 현황조사를 마친 후 전출함으로써 매각물건명세서에 대항력 있는 임차인이 있다고 기재되도록 하는 등의 외관을 만든 이상 피고에게 남은 임차보증금의 지급을 구하는 것은 신의성실의 원칙에 반하여 허용될 수 없다고 판단하여 원고의 청구를 받아들이지 않았다.

3. 대법원의 판단

그러나 원심의 이러한 판단은 받아들이기 어렵다.

가. 주택임대차보호법 제3조 제4항에 따라 임차주택의 양수인이 임대인의 지위를 승계하는 것은 어디까지나 임차인이 대항력을 갖추고 있는 것을 요건으로 하므로 대항력을 갖추지 못한 임차인의 경우 임차주택이 다른 사람에게 이전되었더라도 임대인이 임차보증금 반환의무를 부담하는 것이 원칙이다. 따라서 이 사건 경매절차에서 소외인이 이 사건 주택의 소유권을 취득하기 전에 원고가 전출함으로써 대항력을 상실한 이상 임대인의 지위는 소외인에게 승계되지 아니하므로 피고가 잔여 임차보증금 반환의무를 부담한다.

나. 임차주택의 양수인에게 대항할 수 있는 임차권자라도 스스로 임대차관계의 승계를 원하지 않을 때에는 승계되는 임대차관계의 구속을 면할 수 있다고 보는 것이 공평의 원칙 또는 신의성실의 원칙에 부합한다(대법원 1996. 7. 12. 선고 94다37646 판결 등 참조). 따라서 원고가 이 사건 경매절차에서 현황조사를 마친 후 전출함으로써 대항력을 상실하고 피고에게 남은 임차보증금의 반환을 청구하였다고 하여 이를 두고 신의성실의 원칙에 반하는 행위라고 볼 수는 없다. 더구나 원고의 이러한 행위로 이 사건 경매절차의 매각물건명세서에 대항력 있는 임차인이 있는 것으로 기재되었다고 하더라도 이로써 피고에게 임차보증금 반환채무를 더 이상 부담하지 않을 것이라는 정당한 신뢰가 형성되었다고 보기도 어렵다. 오히려 대항력을 상실하여 소외인에게 임차인의 지위를 주장하지 못하는 원고로 하여금 피고에 대한 남은 임차보증금 반환청구권까지 행사할 수 없도록 한다면 임차인의 권리를 지나치게 제한하게 된다.

다. 그럼에도 그 판시와 같은 이유만으로 원고의 청구가 신의성실의 원칙에 반하여 허용될 수 없다는 원심의 판단에는 신의성실의 원칙에 관한 법리를 오해하여 판결에 영향을 미친 잘못이 있다.

4. 결론

그러므로 원심판결을 파기하고 사건을 다시 심리·판단하도록 원심법원에 환송하기로 하여, 관여 대법관의 일치된 의견으로 주문과 같이 판결한다.

5. 건물인도 소송비용을 임차보증금에서 공제할 수 있는지

대법원 2012.9.27. 선고 2012다49490 판결
[양수금][공2012하,1744]

【판시사항】

부동산 임대인이 임차인을 상대로 차임연체로 인한 임대차계약의 해지를 원인으로 임대차목적물인 부동산의 인도 및 연체차임의 지급을 구하는 소송을 제기한 경우, 그 소송비용을 반환할 임대차보증금에서 당연히 공제할 수 있는지 여부(적극) 및 임차인이 이미 다른 사람에게 임대차보증금 반환채권을 양도하고 임대인에게 양도통지를 한 경우에도 마찬가지인지 여부(적극)

【판결요지】

부동산임대차에서 임차인이 임대인에게 지급하는 임대차보증금은 임대차관계가 종료되어 목적물을 반환하는 때까지 임대차관계에서 발생하는 임차인의 모든 채무를 담보하는 것으로서, 임대인이 임차인을 상대로 차임연체로 인한 임대차계약의 해지를 원인으로 임대차목적물인 부동산의 인도 및 연체차임의 지급을 구하는 소송비용은 임차인이 부담할 원상복구비용 및 차임지급의무 불이행으로 인한 것이어서 임대차관계에서 발생하는 임차인의 채무에 해당하므로 이를 반환할 임대차보증금에서 당연히 공제할 수 있고, 한편 임대인의 임대차보증금 반환의무는 임대차관계가 종료되는 경우에 임대차보증금 중에서 목적물을 반환받을 때까지 생긴 임차인의 모든 채무를 공제한 나머지 금액에 관하여서만 비로소 이행기에 도달하는 것이므로, 임차인이 다른 사람에게 임대차보증금 반환채권을 양도하고, 임대인에게 양도통지를 하였어도 임차인이 임대차목적물을 인도하기 전까지는 임대인이 위 소송비용을 임대차보증금에서 당연히 공제할 수 있다.

민법 제615조, 제618조, 제654조

【참조판례】

대법원 2002. 12. 10. 선고 2002다52657 판결(공2003상, 361)

【전문】

【원고, 피상고인】 원고

【피고, 상고인】 피고 (소송대리인 변호사 김정열)

【원심판결】 부산지법 2012. 5. 10. 선고 2011나8413 판결

【주문】

원심판결을 파기하고, 사건을 부산지방법원 본원 합의부에 환송한다.

【이유】

상고이유를 판단한다.

부동산임대차에 있어서 임차인이 임대인에게 지급하는 임대차보증금은 임대차관계가 종료되어 목적물을 반환하는 때까지 그 임대차관계에서 발생하는 임차인의 모든 채무를 담보하는 것으로서, 임대인이 임차인을 상대로 차임연체로 인한 임대차계약의 해지를 원인으로 임대차목적물인 부동산의 인도 및 연체차임의 지급을 구하는 소송

비용은 임차인이 부담할 원상복구비용 및 차임지급의무 불이행으로 인한 것이어서 임대차관계에서 발생하는 임차인의 채무에 해당하므로 이를 반환할 임대차보증금에서 당연히 공제할 수 있고, 한편 임대인의 임대차보증금 반환의무는 임대차관계가 종료되는 경우에 그 임대차보증금 중에서 목적물을 반환받을 때까지 생긴 임차인의 모든 채무를 공제한 나머지 금액에 관하여서만 비로소 이행기에 도달하는 것이므로, 임차인이 다른 사람에게 그 임대차보증금 반환채권을 양도하고, 임대인에게 양도통지를 하였어도 임차인이 임대차목적물을 인도하기 전까지는 임대인이 위 소송비용을 임대차보증금에서 당연히 공제할 수 있다(대법원 2002. 12. 10. 선고 2002다52657 판결 등 참조).

원심판결 이유와 원심이 적법하게 채택한 증거에 의하면, 피고는 2009. 12. 1. 주식회사 이즈웨딩(이하 '이즈웨딩'이라고만 한다)과 이 사건 건물을 임대차보증금 1억 원, 월차임 4,500,000원(2010. 12. 1.부터는 월 5,000,000원), 임대차기간은 2009. 12. 1.부터 36개월로 정하여 임대하는 계약을 하였고, 이즈웨딩은 그 무렵 피고에게 이 사건 임대차보증금을 지급한 사실, 이즈웨딩은 2010. 12. 30. 원고에게 이 사건 임대차보증금 반환채권을 양도하고, 이즈웨딩으로부터 그 양도통지 권한을 위임받은 원고는 2011. 1. 6. 피고에게 위 채권양도의 통지를 한 사실, 피고는 2011. 6. 16. 이즈웨딩을 상대로 부산지방법원 2011가단63242호로 건물인도 및 차임지급을 구하는 소를 제기하여, 2011. 10. 28. 위 임대차계약이 이즈웨딩의 차임연체로 인하여 피고의 해지로 종료되었음을 이유로 이즈웨딩은 피고에게 이 사건 건물을 인도하고, 인도 시까지 차임 내지 차임상당 부당이득금을 지급하여야 하며, 소송비용은 이즈웨딩의 부담으로 한다는 판결이 선고되었고 그 무렵 위 판결이 확정된 사실, 그 후 피고는 부산지방법원 2012카확73호로 위 소송에 관한 소송비용액의 확정을 신청하여 이즈웨딩이 피고에게 상환하여야 할 소송비용액이 3,154,162원으로 확정된 사실을 알 수 있다.

위 사실관계를 위 법리에 비추어 살펴보면, 피고가 임차인인 이즈웨딩을 상대로 이 사건 건물의 인도 등을 구하는 위 소송비용은 임차인이 부담할 원상복구비용 및 차임지급의무 불이행으로 인한 것이어서 임대차관계에서 발생하는 임차인의 채무에 해당하므로 피고가 반환할 이 사건 임대차보증금에서 당연히 공제할 수 있다고 할 것이고,

이즈웨딩이 원고에게 이 사건 임대차보증금 반환채권을 양도하고 피고에게 그 양도통지를 하였어도 피고는 이즈웨딩이 이 사건 건물을 피고에게 반환하기 전까지는 위 소송비용을 이 사건 임대차보증금에서 당연히 공제할 수 있다고 할 것이다.

그럼에도 원심이 그 판시와 같은 사정을 들어 피고의 위 소송비용에 관한 공제항변을 배척하는 취지로 판단한 것은 부동산 임대차보증금의 담보적 효력에 관한 법리를 오해함으로써 판결 결과에 영향을 미친 위법이 있다. 이를 지적하는 상고이유는 이유 있다.

그러므로 원심판결을 파기하고 사건을 다시 심리·판단하게 하기 위하여 원심법원에 환송하기로 하여, 관여 대법관의 일치된 의견으로 주문과 같이 판결한다.

※ 그러나 건물인도 판결 주문에 임차보증금 반환 동시이행이 기재된 경우 집행관은 판결 주문대로 집행할 수밖에 없으므로, 판결문에 기재된 금액 전액을 공탁해야 집행을 할 수 있다.

6. 건물명도와 동시이행관계에 있는 임차보증금의 변제공탁을 함에 있어 건물을 명도하였다는 확인서를 첨부할 것을 반대급부의 조건으로 붙인 경우 변제로서의 효력이 있는지

대법원 1991. 12. 10. 선고 91다27594 판결

[건물명도등][공1992.2.15.(914),632]

【판시사항】

가. 건물매수인이 매도인의 임차보증금반환채무를 인수한 사실과 위 채무와 건물명도채무가 동시이행관계에 있는 사실을 자인한 것이어서 이를 이유로 매수인의 임차인에 대한 부당이득반환청구를 배척한 원심의 판단이 당사자처분권주의나 변론주의 원칙에 반하지 않는다고 한 사례

나. 건물명도와 동시이행관계에 있는 임차보증금의 변제공탁을 함에 있어 건물을 명도하였다는 확인서를 첨부할 것을 반대급부의 조건으로 붙인 경우 변제로서의 효력이 있는지 여부(소극)

다. 유익비 항변을 제출하기 위한 변론재개신청을 받아주지 아니한 법원의 조치가 심리미진이 되지 아니한다고 한 사례

라. 상소심에서 가집행선고의 효력유지를 언급하지 아니한 것의 위법 여부

【판결요지】

가. 매수인이 소장에서 부동산을 매수할 때에 매도인이 임차인으로부터 받은 임차보증금은 매수인이 매매대금에서 매도인을 대위하여 임대기간이 끝난 후 명도와

동시에 임차인에게 지급하기로 약정하였다고 진술함으로써 위 임차보증금반환채무의 인수사실과 위 채무와 건물명도채무가 동시이행관계에 있는 사실을 자인한 것이어서 이를 이유로 매수인의 임차인에 대한 부당이득반환청구를 배척한 원심의 판단이 당사자처분권주의나 변론주의 원칙에 반하지 않는다고 한 사례.

나. 건물명도와 동시이행관계에 있는 임차보증금의 변제공탁을 함에 있어서 건물을 명도하였다는 확인서를 첨부할 것을 반대급부조건으로 붙였다면 위 변제공탁은 명도의 선이행을 조건으로 한 것이라고 볼 수밖에 없으므로 변제의 효력이 없다고 보아야 할 것이다.

다. 유익비 항변을 제출하기 위한 변론재개신청을 받아주지 아니한 법원의 조치가 심리미진이 되지 아니한다고 한 사례.

라. 가집행선고는 상소심에서 그 가집행선고 또는 본안판결이 변경되지 않는 한 당연히 그 효력이 유지되는 것이므로 원심이 그 효력유지 여부를 언급하지 아니하였다고 하여 위법하다고 할 수 없다.

【참조조문】

가. 민사소송법 제188조 나. 민법 제487조, 제491조, 제536조, 공탁법 제9조 다. 민사소송법 제132조, 제183조 라.같은 법 제201조

【참조판례】

나. 대법원 1979.10.30. 선고 78누378 판결(공1980,12350)
   1984.4.10. 선고 84다77 판결(공1984,816)
   1991.4.12. 선고 90다9872 판결(공1991,1368)
다. 대법원 1979.7.24. 선고 79다747,748 판결(공1979,12149)

1981.11.10. 선고 80다2475 판결(공1982,41)

1987.12.8. 선고 86다카1230 판결(공1988,256)

【전문】

【원고, 상고인 겸 부대피상고인】 원고 소송대리인 변호사 신정철

【피고, 피상고인 겸 부대상고인】 피고 소송대리인 변호사 장기욱 외 3인

【원심판결】 서울고등법원 1991.6.25. 선고 91나355 판결

【주문】

원고와 피고의 각 상고를 기각한다.

상고비용은 상고인 각자의 부담으로 한다.

【이유】

1. 원고소송대리인의 상고이유를 본다.

⑴ 원심판결 이유에 의하면 원심은 원고가 소외인으로부터이 사건 건물을 매수하면서 매매대금의 일부의 지급에 갈음하여 위 소외인의 피고에 대한 이 사건 건물의 임차보증금 100,000,000원의 반환채무를 인수한 사실을 인정하고, 원고가 인수한 위 임차보증금반환채무와 피고의 위 건물명도의무는 동시이행관계에 있고 위 임대차계약은 월임료 없이 임차보증금만 교부한 채권적 전세계약으로서 피고가 이 사건 건물을 사용, 수익하는 대가로 임차보증금의 이식을 차임으로 취득하는 것이므로, 피고가 위 임차보증금을 반환받을 때까지 이 사건 건물을 계속 점유함으로써 이득을

얻었다고 하여도 원고에 대한 관계에서 임료상당의 손해를 끼친 것으로 볼 수 없어 원고의 부당이득반환청구는 이유없다고 판단하였는바, 이에 대하여 소론은 원고가 위 소외인의 피고에 대한 임차보증금반환채무를 인수하였다거나 따라서 위 채무와 피고의 건물명도채무가 동시이행관계에 있다는 항변을 피고는 한 바가 없는데도 원심이 위와 같은 사유를 들어 부당이득의 성립을 부인한 것은 당사자처분권주의 내지 변론주의의 원칙에 위반한 위법을 범한 것이라고 주장하고 있다.

그러나 기록에 의하면 원고는 소장에서 이 사건 부동산을 소외인으로부터 매수할 때에 위 소외인이 피고로부터 받은 전세금 100,000,000원은 원고가 매매대금에서 위 소외인을 대위하여 임대기간이 끝난후 명도와 동시에 피고에게 지급하기로 약정하였다고 진술함으로써 위 임차보증금반환채무의 인수사실과 위 채무와 건물명도채무가 동시이행관계에 있는 사실을 자인하고 있음이 명백하므로, 원심의 위와 같은 이유설시가 당사자처분권주의나 변론주의원칙에 반한다는 논지는 이유 없다.

⑵ 건물명도와 동시이행관계에 있는 임차보증금의 변제공탁을 함에 있어서 건물을 명도하였다는 확인서를 첨부할 것을 반대급부조건으로 붙였다면 위 변제공탁은 명도의 선이행을 조건으로 한 것이라고 볼 수밖에 없으므로 변제의 효력이 없다고 보아야 할 것이다.

원심이 위와 같은 취지로 판단하여 원고의 이 사건 변제공탁의 변제효력을 부인하였음은 정당하고 소론과 같은 법리오해나 반대급부의 내용을 잘못 해석한 위법이 없으며 소론 판례는 이 사건에 적절한 것이 아니다. 이 점 논지도 이유 없다.

2. 피고소송대리인들의 상고이유를 본다.

원심이 취사한 증거관계를 기록에 의하여 살펴보면 원심이 피고가 1989.10.경 원고와 사이에 이 사건 건물에 관하여 임차보증금 150,000,000원, 임차기간 3년으로 하는 내용의 임대차계약을 체결하였다는 피고 주장에 대하여 이를 인정할 만한 증거가 없다는 이유로 위 피고주장을 배척한 조치에 수긍이 가고 거기에 소론과 같이 심리미진으로 인한 사실오인의 위법이 있다고 할 수 없다.

또 원고가 인수한 임차보증금반환채무와 피고의 명도의무가 동시이행관계에 있다고 하여도 피고가 자기의 명도의무이행에 대한 연기적 항변권으로서 동시이행의 항변권을 행사하지 않는 한 원심으로서는 임차보증금반환채무와 동시이행으로 명도를 명할 수는 없는 것인바, 기록을 살펴보아도 피고는 사실심 변론종결시까지 동시이행의 항변을 한 흔적이 없으므로 원심이 동시이행을 명하지 아니한 조치는 정당하고 석명권불행사 또는 심리미진의 위법이 없으며 또 원심이 소론 유익비 항변을 제출할 기회를 피고에게 주기 위하여 변론재개신청을 받아 줄 의무는 없는 것이므로 변론재개를 하지 않은 것이 심리미진이 될 수는 없다.

또 1심판결의 건물명도부분에 대한 가집행선고는 상소심에서 그 가집행선고또는 명도부분의 본안판결이 변경되지 않는 한 당연히 그 효력이 유지되는 것이므로 원심이 그 효력유지여부를 언급하지 아니하였다고 하여 위법하다고 할 수 없다. 논지는 모두 이유 없다.

3. 그러므로 원고와 피고의 각 상고를 기각하고 상고비용은 패소자의 부담으로 하여 관여 법관의 일치된 의견으로 주문과 같이 판결한다.

7. 여러 사람이 공동임대인으로서 임차인과 하나의 임대차계약을 체결한 경우, 공동임대인 전원의 해지의 의사표시에 따라 임대차계약 전부를 해지하여야 하는지 여부

건물명도등

[대법원 2015. 10. 29., 선고, 2012다5537, 판결]

【판시사항】

여러 사람이 공동임대인으로서 임차인과 하나의 임대차계약을 체결한 경우, 공동임대인 전원의 해지의 의사표시에 따라 임대차계약 전부를 해지하여야 하는지 여부(원칙적 적극) 및 이러한 법리는 임대차목적물 중 일부가 양도되어 임대인의 지위가 승계됨으로써 공동임대인으로 되는 경우에도 마찬가지로 적용되는지 여부(적극)

【판결요지】

민법 제547조 제1항은 "당사자의 일방 또는 쌍방이 수인인 경우에는 계약의 해지나 해제는 그 전원으로부터 또는 전원에 대하여 하여야 한다."라고 규정하고 있으므로, 여러 사람이 공동임대인으로서 임차인과 하나의 임대차계약을 체결한 경우에는 민법 제547조 제1항의 적용을 배제하는 특약이 있다는 등의 특별한 사정이 없는 한 공동임대인 전원의 해지의 의사표시에 따라 임대차계약 전부를 해지하여야 한다. 이러한 법리는 임대차계약의 체결 당시부터 공동임대인이었던 경우뿐만 아니라 임대차목적물 중 일부가 양도되어 그에 관한 임대인의 지위가 승계됨으로써 공동임대인으로 되는 경우에도 마찬가지로 적용된다.

【참조조문】

　민법 제547조 제1항, 제408조, 제409조

【전문】

【원고, 피상고인】
　주식회사 무애 (소송대리인 변호사 최광석)

【피고, 상고인】

【원심판결】

　수원지법 2011. 11. 30. 선고 2011나14500 판결

【주문】

　원심판결의 피고 패소 부분 중 부동산 인도청구 부분을 파기하고, 이 부분 사건을 수원지방법원 본원 합의부에 환송한다. 나머지 상고를 기각한다.

【이유】

　상고이유를 판단한다.

1. 부동산 인도청구 부분에 관하여

　민법 제547조 제1항은 "당사자의 일방 또는 쌍방이 수인인 경우에는 계약의 해지나 해제는 그 전원으로부터 또는 전원에 대하여 하여야 한다."라고 규정하고 있으므로, 여

러 사람이 공동임대인으로서 임차인과 사이에 하나의 임대차계약을 체결한 경우에는 민법 제547조 제1항의 적용을 배제하는 특약이 있다는 등의 특별한 사정이 없는 한 공동임대인 전원의 해지의 의사표시에 의하여 임대차계약 전부를 해지하여야 한다. 이러한 법리는 임대차계약의 체결 당시부터 공동임대인이었던 경우뿐만 아니라 임대차 목적물 중 일부가 양도되어 그에 관한 임대인의 지위가 승계됨으로써 공동임대인으로 되는 경우에도 마찬가지로 적용된다.

　원심판결 이유와 기록에 의하면, 피고는 2005. 4. 7. 메트로개발 주식회사(이하 '메트로개발'이라 한다)와 사이에 메트로개발의 소유이던 비101호, 비102호를 보증금 4,000만 원, 차임 월 100만 원으로 정하여 임차하는 내용의 임대차계약(이하 '이 사건 임대차계약'이라고 한다)을 체결한 사실, 피고와 메트로개발은 이 사건 임대차계약을 체결하면서 비101호, 비102호 전부를 목적물로 기재한 하나의 임대차계약서를 작성하였고, 보증금 및 차임도 목적물별로 구분하지 아니한 채 비101호, 비102호 전부에 관하여 하나로 정한 사실, 피고는 2005. 6. 30. 비101호, 비102호 전부를 사업장 소재지로 하는 사업자등록을 하고, 비101호, 비102호를 하나의 사업장으로 사용하면서 그곳에서 자동차정비업을 해 온 사실, 원고는 2010. 1. 21. 경매절차에서 비102호를 매수함으로써 상가건물 임대차보호법 제3조 제2항에 의하여 그에 관한 임대인의 지위를 승계한 사실, 원고는 2010. 4. 12.경 피고에게 피고의 차임 연체를 이유로 이 사건 임대차계약을 해지한다는 통지를 한 사실을 알 수 있다.

　이러한 사실관계를 앞에서 본 법리에 따라 살펴보면, 피고와 메트로개발 사이에 비101호, 비102호 전부를 목적물로 하는 하나의 임대차계약이 체결되어 유지되던 중 원고가 비102호의 소유권을 취득하여 그에 관한 메트로개발의 임대인의 지위를 승계함으로써 원고와 메트로개발이 피고에 대한 공동임대인으로 되었으므로, 민법 제547조 제1항의 적용을 배제하는 약정이 있다는 등의 특별한 사정이 인정되지 아니하는 한, 원고는 단독으로 이 사건 임대차계약 중 자신의 소유인 비102호 부분만을 분리하여 해지할 수는 없고, 원고와 메트로개발 전원의 해지의 의사표시에 의하여 이 사건 임대차계약 전부를 해지할 수 있을 뿐이다.

　그럼에도 원심은, 원고가 단독으로 해지의 의사표시를 하여 이 사건 임대차계약 중 비102호 부분만 해지할 수 있음을 전제로, 피고는 원고에게 비102호 부분을 인도할 의무가 있다고 판단하였으니, 이러한 원심판결에는 해지의 적법성에 관한 법리를 오해하여 판결에 영향을 미친 위법이 있다.

2. 금전지급청구 부분에 관하여

피고는 원심판결 중 금전지급청구 부분에 대하여도 상고를 제기하였으나, 상고장이나 상고이유서에 이에 관한 상고이유 기재가 없다.

3. 결론

그러므로 나머지 상고이유에 대한 판단을 생략한 채 원심판결의 피고 패소 부분 중 부동산 인도청구 부분을 파기하고, 이 부분 사건을 다시 심리·판단하도록 원심법원에 환송하며, 나머지 상고를 기각하기로 하여, 관여 대법관의 일치된 의견으로 주문과 같이 판결한다.

8. 임대인이 정당한 사유 없이 임차인이 주선할 신규임차인이 되려는 자와 임대차계약을 체결할 의사가 없음을 확정적으로 표시한 경우, 임차인이 실제로 신규임차인을 주선하지 않았더라도 임대인에게 권리금 회수 방해로 인한 손해배상을 청구할 수 있는지

손해배상(기)(상가임대차법상 권리금 회수 방해를 이유로 한 손해배상청구 사건)

[대법원 2019. 7. 4., 선고, 2018다284226, 판결]

【판시사항】

[1] 임차인이 임대인에게 권리금 회수 방해로 인한 손해배상을 구하기 위해서는 임차인이 신규임차인이 되려는 자를 주선하였어야 하는지 여부(원칙적 적극) / 임대인이 정당한 사유 없이 임차인이 주선할 신규임차인이 되려는 자와 임대차계약을 체결할 의사가 없음을 확정적으로 표시한 경우, 임차인이 실제로 신규임차인을 주선하지 않았더라도 임대인에게 권리금 회수 방해로 인한 손해배상을 청구할 수 있는지 여부(적극) 및 임대인이 위와 같은 의사를 표시하였는지 판단하는 기준

[2] 상가 임차인인 甲이 임대차기간 만료 전 임대인인 乙에게 甲이 주선하는 신규임차인과 임대차계약을 체결하여 줄 것을 요청하였으나, 乙이 상가를 인도받은 후 직접 사용할 계획이라고 답변하였고, 이에 甲이 신규임차인 물색을 중단하고 임대차기간 만료일에 乙에게 상가를 인도한 후 乙을 상대로 권리금 회수 방해로 인한 손해배상을 구한 사안에서, 乙이 甲의 신규임차인 주선을 거절하는 의사를 명백히 표시하였으므로 甲은 실제로 신규임차인을 주선하지 않았더라도 임대인의 권리금 회수기회 보호의무 위반을 이유로 乙에게 손해배상을 청구할 수 있다고 보아야 하는데도, 이와 달리 본 원심판단에 법리오해의 잘못이 있다고 한 사례

【판결요지】

[1] 구 상가건물 임대차보호법(2018. 10. 16. 법률 제15791호로 개정되기 전의 것, 이하 '상가
임대차법'이라 한다) 제10조의3 내지 제10조의7의 내용과 입법 취지에 비추어 보면,
임차인이 임대인에게 권리금 회수 방해로 인한 손해배상을 구하기 위해서는 원칙
적으로 임차인이 신규임차인이 되려는 자를 주선하였어야 한다. 그러나 임대인이
정당한 사유 없이 임차인이 신규임차인이 되려는 자를 주선하더라도 그와 임대차
계약을 체결하지 않겠다는 의사를 확정적으로 표시하였다면 이러한 경우에까지
임차인에게 신규임차인을 주선하도록 요구하는 것은 불필요한 행위를 강요하는
결과가 되어 부당하다. 이와 같은 특별한 사정이 있다면 임차인이 실제로 신규임
차인을 주선하지 않았더라도 임대인의 위와 같은 거절행위는 상가임대차법 제10
조의4 제1항 제4호에서 정한 거절행위에 해당한다고 보아야 한다. 따라서 임차인
은 같은 조 제3항에 따라 임대인에게 권리금 회수 방해로 인한 손해배상을 청구
할 수 있다.

임대인이 위와 같이 정당한 사유 없이 임차인이 주선할 신규임차인이 되려는 자
와 임대차계약을 체결할 의사가 없음을 확정적으로 표시하였는지 여부는 임대차
계약이 종료될 무렵 신규임차인의 주선과 관련해서 임대인과 임차인이 보인 언행
과 태도, 이를 둘러싼 구체적인 사정 등을 종합적으로 살펴서 판단하여야 한다.

[2] 상가 임차인인 甲이 임대차기간 만료 전 임대인인 乙에게 甲이 주선하는 신규임
차인과 임대차계약을 체결하여 줄 것을 요청하였으나, 乙이 상가를 인도받은 후
직접 사용할 계획이라고 답변하였고, 이에 甲이 신규임차인 물색을 중단하고 임
대차기간 만료일에 乙에게 상가를 인도한 후 乙을 상대로 권리금 회수 방해로 인
한 손해배상을 구한 사안에서, 乙이 甲에게 임대차 종료 후에는 신규임차인과 임
대차계약을 체결하지 않고 자신이 상가를 직접 이용할 계획이라고 밝힘으로써 甲
의 신규임차인 주선을 거절하는 의사를 명백히 표시하였고, 이러한 경우 甲에게
신규임차인을 주선하도록 요구하는 것은 부당하다고 보이므로 특별한 사정이 없
는 한 甲은 실제로 신규임차인을 주선하지 않았더라도 임대인의 권리금 회수기회

보호의무 위반을 이유로 乙에게 손해배상을 청구할 수 있다고 보아야 하는데도, 이와 달리 본 원심판단에 법리오해의 잘못이 있다고 한 사례.

【참조조문】

[1] 구 상가건물 임대차보호법(2018. 10. 16. 법률 제15791호로 개정되기 전의 것) 제10조의 4 제1항 제4호, 제3항

[2] 구 상가건물 임대차보호법(2018. 10. 16. 법률 제15791호로 개정되기 전의 것) 제10조의 4 제1항 제4호, 제3항

【전문】

【원고, 상고인】 원고

【피고, 피상고인】 피고

【원심판결】

수원지법 2018. 10. 17. 선고 2017나83713 판결

【주문】

원심판결을 파기하고, 사건을 수원지방법원에 환송한다.

【이유】

상고이유를 판단한다.

1. 구 상가건물 임대차보호법(2018. 10. 16. 법률 제15791호로 개정되기 전의 것, 이하 '상가임대차법'이라 한다) 제10조의4 제1항은 "임대인은 임대차기간이 끝나기 3개월 전부터 임대차 종료 시까지 다음 각호의 어느 하나에 해당하는 행위를 함으로써 권리금 계약에 따라 임차인이 주선한 신규임차인이 되려는 자로부터 권리금을 지급받는 것을 방해하여서는 아니 된다."라고 규정하면서 각호의 사유 중 하나로 '그 밖에 정당한 사유 없이 임대인이 임차인이 주선한 신규임차인이 되려는 자와 임대차계약의 체결을 거절하는 행위(제4호)'를 들고 있다. 임대인이 위와 같은 권리금 회수기회 보호의무를 위반하여 임차인에게 손해를 발생하게 한 때에는 그 손해를 배상할 책임이 있다(같은 조 제3항).

   상가임대차법이 2015. 5. 13. 법률 제13284호 개정으로 신설한 제10조의3 내지 제10조의7은 임차인이 상가건물에 투자한 비용이나 영업활동으로 형성한 지명도나 신용 등 경제적 이익이 임대인에 의해 부당하게 침해되는 것을 방지하기 위한 것으로서, 임차인이 그러한 경제적 이익을 자신이 주선한 신규임차인 예정자로부터 권리금 형태로 회수할 수 있도록 하고 임대인이 정당한 사유 없이 이를 방해하는 경우 손해배상책임을 지도록 하고 있다.

   이러한 상가임대차법 관련 규정의 내용과 입법 취지에 비추어 보면, 임차인이 임대인에게 권리금 회수 방해로 인한 손해배상을 구하기 위해서는 원칙적으로 임차인이 신규임차인이 되려는 자를 주선하였어야 한다. 그러나 임대인이 정당한 사유 없이 임차인이 신규임차인이 되려는 자를 주선하더라도 그와 임대차계약을 체결하지 않겠다는 의사를 확정적으로 표시하였다면 이러한 경우에까지 임차인에게 신규임차인을 주선하도록 요구하는 것은 불필요한 행위를 강요하는 결과가 되어 부당하다. 이와 같은 특별한 사정이 있다면 임차인이 실제로 신규임차인을 주선하지 않았더라도 임대인의 위와 같은 거절행위는 상가임대차법 제10조의4 제1항 제4호에서 정한 거절행위에 해당한다고 보아야 한다. 따라서 임차인은 같은 조 제3항에 따라 임대인에게 권리금 회수 방해로 인한 손해배상을 청구할 수 있다.

   임대인이 위와 같이 정당한 사유 없이 임차인이 주선할 신규임차인이 되려는 자와 임대차계약을 체결할 의사가 없음을 확정적으로 표시하였는지 여부는 임대차계약이 종료될 무렵 신규임차인의 주선과 관련해서 임대인과 임차인이 보인 언행과 태도, 이를 둘러싼 구체적인 사정 등을 종합적으로 살펴서 판단하여야 한다.

2. 가. 원심판결 이유와 기록에 의하면 다음과 같은 사실을 알 수 있다.

1) 원고는 2008년경 제이앤씨에스개발 주식회사로부터 이 사건 상가를 임차하고 위 상가를 인도받아 '○○○'이라는 상호로 커피전문점을 운영하다가 2012. 11. 30. 이 사건 상가를 매수한 피고와 위 상가에 관하여 임대차기간 2015. 11. 30.까지, 임대차보증금 7,200만 원, 차임 월 220만 원(부가가치세 포함)으로 정한 임대차계약을 체결하였다.

2) 피고는 임대차기간 만료일이 도래하자 원고를 상대로 이 사건 상가의 인도를 구하는 건물인도 청구의 소를 제기하였고(서울남부지방법원 2015가단246166호), 법원은 원고와 피고의 임대차계약은 묵시적으로 갱신되어 2016. 11. 30.까지 임대차기간이 연장되었음을 이유로 2016. 7. 13. '원고는 2016. 11. 30.이 도래하면 피고에게 이 사건 상가를 인도하라'는 판결을 선고하였으며, 위 판결은 그 무렵 확정되었다.

3) 피고는 2016. 10. 초경 원고에게 '이 사건 상가를 더 이상 임대하지 않고 아들에게 커피전문점으로 사용하도록 하겠다'는 취지로 말하였다. 원고는 2016. 10. 17. 피고에게 '원고가 주선하는 신규임차인과 임대차계약을 체결하여 줄 것을 요청하고, 만약 원고가 주선하는 신규임차인과 임대차계약을 체결하지 아니하고 피고의 아들이 직접 커피전문점을 운영할 계획이면 그 뜻을 확실히 밝혀 주기 바라며, 2016. 10. 20.까지 아무런 답변을 하지 아니할 경우 원고는 피고에게 신규임차인을 주선하겠다'는 취지의 내용증명 우편을 보냈다. 이에 대하여 피고는 2016. 10. 21. 원고에게 '피고는 원고로부터 이 사건 상가를 인도받은 후 직접 사용할 계획이다'는 취지의 답변서를 발송하였다.

4) 원고는 창업컨설팅 회사를 통해 권리금 6,000만 원을 지급받고 신규임차인을 소개받기로 협의를 진행하였으나 피고가 위와 같이 이 사건 상가를 직접 사용하겠다는 의사를 분명히 밝히자 신규임차인 물색을 중단하고, 2016. 10. 27. 피고에게 '피고가 이 사건 상가를 인도받은 후 직접 운영할 뜻임을 명확히 밝혔기 때문에 원고는 무익한 절차를 밟을 필요가 없다고 생각되어 피고에게 신규

임차인을 주선하지 아니하고 임대차기간 만료일인 2016. 11. 30. 이 사건 상가를 인도하겠다'는 취지의 내용증명 우편을 발송하였다.

5) 원고는 2016. 11. 30. 피고에게 이 사건 상가를 인도하였고, 피고는 2016. 12. 10. 위 상가에 커피전문점을 개업하였다.

나. 위와 같은 사실관계를 앞서 본 법리에 비추어 살펴보면, 피고가 원고에게 이 사건 임대차 종료 후에는 신규임차인과 임대차계약을 체결하지 않고 자신이 이 사건 상가를 직접 이용할 계획이라고 밝힘으로써 원고의 신규임차인 주선을 거절하는 의사를 명백히 표시하였다고 봄이 타당하고, 이러한 경우 원고에게 신규임차인을 주선하도록 요구하는 것이 부당하다고 보이므로 특별한 사정이 없는 한 원고는 실제로 신규임차인을 주선하지 않았더라도 임대인의 권리금 회수기회 보호의무 위반을 이유로 피고에게 손해배상을 청구할 수 있다고 보아야 한다.

다. 그런데도 원심은 이와 달리 원고가 피고에게 손해배상을 청구하려면 신규임차인을 주선하였거나 주선할 신규임차인을 특정할 수 있어야 하고, 나아가 피고가 신규임차인과의 계약 체결 거절의 의사표시를 하였다고 하더라도 원고가 실제로 신규임차인을 주선하지 않았다면 피고는 손해배상책임을 부담하지 않는다고 판단하였다. 이러한 원심판단에는 상가임대차법 제10조의4 제1항이 규정하는 권리금 회수기회 보호에 관한 법리를 오해하여 판결에 영향을 미친 잘못이 있다. 이를 지적하는 상고이유 주장은 정당하다.

3. 그러므로 원심판결을 파기하고, 사건을 다시 심리·판단하도록 원심법원에 환송하기로 하여, 관여 대법관의 일치된 의견으로 주문과 같이 판결한다.

9. 권원 없이 토지임차인의 승낙만 받고 그 지상에 식재한 수목의 소유권귀속

대법원 1989. 7. 11. 선고 88다카9067 판결
[손해배상(기)][집37(2)민,189;공1989.9.1.(855),1213]

【판시사항】

권원 없이 토지임차인의 승낙만 받고 그 지상에 식재한 수목의 소유권귀속

【판결요지】

민법 제256조 단서 소정의 "권원"이라 함은 지상권, 전세권, 임차권 등과 같이 타인의 부동산에 자기의 동산을 부속시켜서 그 부동산을 이용할 수 있는 권리를 뜻하므로 그와 같은 권원이 없는 자가 토지소유자의 승낙을 받음이 없이 그 임차인의 승낙만을 받아 그 부동산 위에 나무를 심었다면 특별한 사정이 없는 한 토지소유자에 대하여 그 나무의 소유권을 주장할 수 없다.

【참조조문】

민법 제256조

【전문】

【원고, 피상고인】 원고

【피고, 상고인】 피고

【원심판결】 서울민사지방법원 1988.2.10. 선고 87나843 판결

【주문】

원심판결을 파기하고, 사건을 서울민사지방법원 합의부에 환송한다.

【이유】

상고이유 제1, 2점을 본다.

민법 제256조는 부동산의 소유자는 그 부동산에 부합한 물건의 소유권을 취득한다. 그러나 타인의 권원에 의하여 부속된 것은 그러하지 아니한다라고 규정하고 있는데 위 규정단서에서 말하는 「권원」이라 함은 지상권, 전세권, 임차권 등과 같이 타인의 부동산에 자기의 동산을 부속시켜서 그 부동산을 이용할 수 있는 권리를 뜻한다 할 것이므로 그와 같은 권원이 없는 자가 토지소유자의 승낙을 받음이 없이 그 임차인의 승낙만을 받아 그 부동산 위에 나무를 심었다면 특별한 사정이 없는 한 토지소유자에 대하여 그 나무의 소유권을 주장할 수 없다고 하여야 할 것이다.

그런데도 원심이 원고가 이 사건 토지의 전소유자로부터 승낙을 받음이 없이 그 토지를 임차한 소외인의 승낙만을 받아 그 위에 이 사건 사철나무 1그루를 심은 사실을 확정하고서도 그 나무가 위 토지에서 분리되어 원고의 소유로 된 특별한 사정에 대하여는 심리판단함이 없이 그 나무가 위 토지의 소유권과는 독립하여 별개의 소유권의 대상이 된다는 이유만으로 그 후 위 부동산을 취득하여 위 나무를 벌채한 피고에게 그로 인한 불법행위 책임이 있다고 판단한 것은 민법 제256조가 정하는 부동산에의 부합에 관한 법리를 오해하여 심리를 다하지 아니함으로써 판결결과에 영향을 미쳤다고 할 것이다.

그리고 원심이 든 증거에 의하더라도 달리 피고가 이 사건 토지를 전 소유자로부터

부동산인도 및 임대차 소송 실무

매수할 때나 위 나무를 베어낼 때 그것이 다른 사람의 소유임을 알았거나 알 수 있었다고도 보여지지 아니한다.

이 점을 지적하는 주장은 이유있다.

그러므로 나머지 상고이유에 대한 판단을 생략하고, 원심판결을 파기하여 사건을 원심법원에 환송하기로 관여 법관의 의견이 일치되어 주문과 같이 판결한다.

10. 임대차계약에 있어 임대차보증금이 담보하는 채무가 임대차관계 종료 후 목적물 반환시 별도의 의사표시 없이 임대차보증금에서 당연히 공제되는지

대법원 2005. 9. 28. 선고 2005다8323, 8330 판결

[점포명도등·임대차관계존재확인][공2005.11.1.(237),1677]

【판시사항】

[1] 임대차계약에 있어 임대차보증금이 담보하는 채무가 임대차관계 종료 후 목적물 반환시 별도의 의사표시 없이 임대차보증금에서 당연히 공제되는지 여부(적극)

[2] 임대차보증금에서 공제될 차임채권 등의 발생원인에 관한 주장·증명책임의 소재(=임대인) 및 그 발생한 채권의 소멸에 관한 주장·증명책임의 소재(=임차인)

【판결요지】

[1] 임대차계약에 있어 임대차보증금은 임대차계약 종료 후 목적물을 임대인에게 명도할 때까지 발생하는, 임대차에 따른 임차인의 모든 채무를 담보하는 것으로서, 그 피담보채무 상당액은 임대차관계의 종료 후 목적물이 반환될 때에, 특별한 사정이 없는 한, 별도의 의사표시 없이 보증금에서 당연히 공제되는 것이므로, 임대인은 임대차보증금에서 그 피담보채무를 공제한 나머지만을 임차인에게 반환할 의무가 있다.

[2] 임대차계약의 경우 임대차보증금에서 그 피담보채무 등을 공제하려면 임대인으로서는 그 피담보채무인 연체차임, 연체관리비 등을 임대차보증금에서 공제하여야 한다는 주장을 하여야 하고 나아가 그 임대차보증금에서 공제될 차임채권, 관리비채권 등의 발생원인에 관하여 주장·입증을 하여야 하는 것이며, 다만 그 발생

한 채권이 변제 등의 이유로 소멸하였는지에 관하여는 임차인이 주장·입증책임을
부담한다.

【참조조문】

[1] 민법 제618조[2] 민법 제618조, 민사소송법 제288조

【참조판례】

[1] 대법원 1999. 12. 7. 선고 99다50729 판결(공2000상, 147)
대법원 2004. 12. 23. 선고 2004다56554, 56561, 56578, 56585, 56592, 56608,
56615, 56622, 56639, 56646, 56653, 56660 판결(공2005상, 187)

[2] 대법원 1995. 7. 25. 선고 95다14664, 14671(공1995하, 2951)
대법원 2001. 8. 24. 선고 2001다28176 판결(공2001하, 2068)
대법원 2005. 1. 13. 선고 2004다19647 판결(공2005상, 241)

【전문】

【원고(반소피고),상고인겸피상고인】 삼미통산 주식회사 (소송대리인 변호사 정지형 외 1인)

【피고(반소원고),피상고인겸상고인】 피고(반소원고) (소송대리인 법무법인 로고스 담당변호사 백
현기 외 3인)

【원심판결】 서울고법 2004. 12. 28. 선고 2003나74670, 2004나9277 판결

【주문】

상고를 모두 기각한다. 상고비용은 상고인 각자가 부담한다.

【이유】

1. 피고(반소원고, 이하 반소에 관한 당사자 호칭은 생략한다)의 상고에 대한 판단

원심은 그 채용 증거에 의하여, 피고가 원고와 사이에 이 사건 임대차계약을 체결할 무렵 임대차계약서에 명시된 월차임, 전기료, 수도료, 난방비와는 별도로 임대차목적물에 대하여 평당 6,500원의 비율로 계산한 관리비 1,411,400원 및 그에 대한 부가가치세 141,140원의 합계 1,552,540원을 매월 지급하기로 약정한 사실을 인정한 다음, 피고에 대하여 2002. 3. 1. 이후의 관리비를 지급할 것을 구하는 원고의 이 부분 청구를 인용하였다.

원심판결과 그 설시한 각 증거를 기록에 비추어 살펴보니 원심의 위와 같은 사실인정과 판단은 모두 정당하여 수긍되고, 거기에 상고이유의 주장과 같은 채증법칙 위배, 사실오인, 처분문서의 해석에 관한 법리오해 등의 위법이 없다.

2. 원고의 상고에 대한 판단

임대차계약에 있어 임대차보증금은 임대차계약 종료 후 목적물을 임대인에게 명도할 때까지 발생하는, 임대차에 따른 임차인의 모든 채무를 담보하는 것으로서, 그 피담보채무 상당액은 임대차관계의 종료 후 목적물이 반환될 때에, 특별한 사정이 없는 한, 별도의 의사표시 없이 보증금에서 당연히 공제되는 것이므로, 임대인은 임대차보증금에서 그 피담보채무를 공제한 나머지만을 임차인에게 반환할 의무가 있다고 할 것이다 (대법원 2004. 12. 23. 선고 2004다56554 판결 등 참조). 그러나 이 경우 임대차보증금에서 그 피담보채무 등을 공제하려면 임대인으로서는 그 피담보채무인 연체차임, 연체관리비

부동산인도 및 임대차 소송 실무

등을 임대차보증금에서 공제하여야 한다는 주장을 하여야 하고 나아가 그 임대차보증금에서 공제될 차임채권, 관리비채권 등의 발생원인에 관하여 주장·입증을 하여야 하는 것이며, 다만 그 발생한 채권이 변제 등의 이유로 소멸하였는지에 관하여는 임차인이 주장·입증책임을 부담한다고 할 것이다(대법원 1995. 7. 25. 선고 95다14664, 14671 판결, 2005. 1. 13. 선고 2004다19647 판결 등 참조).

기록에 의하면, 원고는 원심 변론종결에 이르기까지 피고가 반소로써 반환을 구하고 있는 임대차보증금에 대하여 아직 피고로부터 지급받지 아니한 차임, 전기료, 수도료, 난방비, 관리비 등을 공제하여야 한다는 취지의 주장을 전혀 한 바 없고 단지 본소로써 연체관리비의 지급과 목적물의 명도를 구하고 있었을 뿐인 사실을 알 수 있으므로, 원고가 상고이유로 내세우는 주장은 상고심에 이르러 비로소 내어놓은 것임이 명백하여 원심판결에 대한 적법한 상고이유가 될 수 없다.

3. 결론

그러므로 상고를 모두 기각하고, 상고비용은 각자가 부담하게 하여 주문과 같이 판결한다.

11. 부동산임대업자가 미리 부동문자로 인쇄한 임대차계약서를 제시하여 임대차계약을 체결한 사안에서, 그 계약서상 임대차목적물의 명도 또는 원상복구 지연에 따른 배상금 조항이 약관에 해당하고, 임차인에 대하여 부당하게 과중한 손해배상의무를 부담시키는 조항으로서 약관의 규제에 관한 법률 제8조에 의하여 무효라고 한 사례

대법원 2008. 7. 10. 선고 2008다16950 판결

[청구이의][공2008하,1154]

【판시사항】

[1] 계약의 일방 당사자가 약관 형식의 계약서를 미리 마련하여 두었으나 계약서상의 특정 조항에 관하여 개별적인 교섭을 거친 경우, 그 특정조항이 약관의 규제에 관한 법률의 규율대상이 되는지 여부(소극) 및 개별적인 교섭의 존재를 인정하기 위한 요건

[2] 부동산임대업자가 미리 부동문자로 인쇄한 임대차계약서를 제시하여 임대차계약을 체결한 사안에서, 그 계약서상 임대차목적물의 명도 또는 원상복구 지연에 따른 배상금 조항이 약관에 해당하고, 임차인에 대하여 부당하게 과중한 손해배상의무를 부담시키는 조항으로서 약관의 규제에 관한 법률 제8조에 의하여 무효라고 한 사례

【판결요지】

[1] 계약의 일방 당사자가 다수의 상대방과 계약을 체결하기 위해서 일정한 형식에 의하여 미리 계약서를 마련하여 두었다가 어느 한 상대방에게 이를 제시하여 계

약을 체결하는 경우에도 그 상대방과 특정 조항에 관하여 개별적인 교섭(또는 흥정)을 거침으로써 상대방이 자신의 이익을 조정할 기회를 가졌다면, 그 특정 조항은 약관의 규제에 관한 법률의 규율대상이 아닌 개별약정이 된다고 보아야 하고, 이때 개별적인 교섭이 있었다고 하기 위해서는 비록 그 교섭의 결과가 반드시 특정 조항의 내용을 변경하는 형태로 나타나야 하는 것은 아니라 하더라도, 적어도 계약의 상대방이 그 특정 조항을 미리 마련한 당사자와 거의 대등한 지위에서 당해 특정 조항에 대하여 충분한 검토와 고려를 한 뒤 영향력을 행사함으로써 그 내용을 변경할 가능성은 있어야 한다.

[2] 부동산임대업자가 미리 부동문자로 인쇄한 임대차계약서를 제시하여 임대차계약을 체결한 사안에서, 그 계약서에 기재된 임대차계약 종료일로부터 인도 또는 복구된 날까지의 통상 차임 및 관리비와 임대차보증금에 대한 월 1%의 비율에 의한 이자의 합산액의 2배를 배상액으로 정하고 있는 '임대차목적물의 명도 또는 원상복구 지연에 따른 배상금' 조항은 개별적인 교섭을 거침으로써 상대방이 자신의 이익을 조정할 기회를 가졌다고 할 수 없어 약관에 해당하고, 또한 고객인 임차인에 대하여 부당하게 과중한 손해배상의무를 부담시키는 조항이므로 약관의 규제에 관한 법률 제8조에 의하여 무효라고 한 사례.

【참조조문】

[1] 약관의 규제에 관한 법률 제2조 제1항, 제4조 [2] 약관의 규제에 관한 법률 제2조 제1항, 제4조, 제8조

【전문】

【원고, 피상고인 겸 상고인】 원고 주식회사 (소송대리인 법무법인 이수 담당변호사 류지환)

【피고, 상고인 겸 피상고인】 피고 주식회사

【원심판결】 서울서부지법 2008. 1. 17. 선고 2007나6257 판결

【주문】

원심판결 중 피고 패소 부분을 파기하고, 이 부분 사건을 서울서부지방법원 합의부에 환송한다. 원고의 상고를 기각한다.

【이유】

1. 원고의 상고이유에 대하여

가. 계약의 일방 당사자가 다수의 상대방과 계약을 체결하기 위해서 일정한 형식에 의하여 미리 계약서를 마련하여 두었다가 어느 한 상대방에게 이를 제시하여 계약을 체결하는 경우에도 그 상대방과 사이에 특정 조항에 관하여 개별적인 교섭 (또는 흥정)을 거침으로써 상대방이 자신의 이익을 조정할 기회를 가졌다면, 그 특정 조항은 '약관의 규제에 관한 법률'(이하 '약관규제법'이라 한다)의 규율대상이 아닌 개별약정이 된다고 보아야 할 것이고, 이때 개별적인 교섭이 있었다고 하기 위해서는 비록 그 교섭의 결과가 반드시 특정 조항의 내용을 변경하는 형태로 나타나야 하는 것은 아니라 하더라도, 적어도 계약의 상대방이 그 특정 조항을 미리 마련한 당사자와 사이에 거의 대등한 지위에서 당해 특정 조항에 대하여 충분한 검토와 고려를 한 뒤 영향력을 행사함으로써 그 내용을 변경할 가능성은 있어야 한다.

원심판결 이유와 기록에 의하면, 원고는 부동산임대업 등을 목적으로 하는 회사로서 2003. 12. 12. 피고와 사이에 그 소유의 서울 서대문구 충정로 (지번 생략) ○○빌딩 중 5층 124평(이하 '이 사건 건물'이라 한다)에 관하여 임대차보증금 40,176,000원, 차임 월 4,017,600원, 관리비 월 2,802,400원, 기간 2003. 12. 13.부터 2004. 12. 12.까지로 정하여 임대차계약(이하 '이 사건 임대차계약'이라 한다)을 체결하면서, 위 각

금액 및 기간란을 제외한 나머지 계약내용은 부동문자로 인쇄되어 있는 임대차계약서를 작성하였는데, 그 임대차계약서 제18조 제3항에는 "임차인이 어떠한 사정으로 자기 소유물 또는 재산을 반출하지 못하였거나 임대차목적물을 원상으로 복구하지 못하였을 때에는 임대차계약이 종료한 날로부터 기산하여 명도 또는 복구된 날까지의 통상 차임 및 관리비, 임대차보증금 이자(월 1%로 계산) 합계액의 2배를 확정배상액으로서 임대인에게 지급한다"는 취지로 규정(이하 '이 사건 배상금 조항'이라 한다)되어 있는 사실, 원고는 위 ○○빌딩에 관한 임대차계약을 체결하기 위하여 미리 이 사건 배상금 조항이 포함된 임대차계약서를 인쇄하여 마련해 두었다가 피고를 포함한 다수의 입주자를 상대로 위와 같은 내용의 임대차계약서를 제시하여 임대차계약을 체결하고 있는 사실을 알 수 있는바, 비록 원고가 1999. 12. 13.경 피고에게 이 사건 건물을 최초로 임대한 이래 4회에 걸쳐 임대차계약을 갱신하여 왔는데 그때그때 작성된 임대차계약서마다 이 사건 배상금 조항과 같은 내용의 조항이 포함되어 있었고, 원고가 2001. 9. 6. 피고에게 임대차계약을 갱신할 의사가 없음을 밝히면서 명도가 지연될 경우 이사건 배상금 조항에 기한 손해배상을 청구할 계획임을 고지한 바 있으며, 이 사건 임대차계약의 체결과정에서 피고가 이 사건 배상금 조항을 배제하는 특약을 이 사건 임대차계약의 내용에 포함하려고 시도하다가 원고측의 반발로 무산되었다 하더라도, 그러한 사정만으로는 피고가 이 사건 배상금 조항에 대하여 충분한 검토와 고려를 한 뒤 영향력을 행사함으로써 그 내용을 변경할 가능성이 있었다고 보기 어렵고, 달리 피고가 원고와 위 임대차계약서로 이 사건 임대차계약을 체결하면서 이 사건 배상금 조항에 대하여 개별적인 교섭을 거쳤다고 볼 자료가 없으며, 원고와 피고가 모두 상법상의 상인인 주식회사라고 하여 임대인인 원고가 임차인인 피고보다 우월한 지위에 있지 않다고 단정할 수도 없다.

그렇다면 이 사건 임대차계약서에 기재된 이 사건 배상금 조항은 개별적인 교섭을 거침으로써 임차인인 피고가 자신의 이익을 조정할 기회를 가졌다고 할 수 없어 약관으로서의 성질을 보유하고 있다고 봄이 상당하므로, 같은 취지에서 원심이, 이 사건 배상금 조항이 손해배상액을 예정하는 취지의 규정으로서 약관에 해당한다고 본 조치는 옳고, 거기에 상고이유의 주장과 같은 채증법칙 위배나 약관규제법상 약관의 개념에 관한 법리오해 등의 위법이 있다고 할 수 없다.

나. 또한, 원심은 그 채용 증거들을 종합하여 인정되는 다음과 같은 사정, 즉 이 사건 배상금 조항이 임차인에게 귀책사유가 있는지 여부와는 무관하게 목적물을 인도하지 아니하였다는 사실의 발생만으로 바로 손해배상채무를 부담하도록 규정하고 있는 점, 부동산의 불법점유로 인하여 그 소유자가 입게 되는 손해의 액은 특별한 사정이 없는 한 그 부동산의 차임 상당액을 기준으로 산정하여야 하는 점 등에 비추어 보면, 통상의 차임 및 관리비와 임대차보증금에 대한 월 1%의 비율에 의한 이자의 합산액의 2배를 배상액으로 정하고 있는 이 사건 배상금 조항은 고객인 피고에 대하여 부당하게 과중한 손해배상의무를 부담시키는 조항으로서 약관규제법 제8조에 의하여 무효라고 판단하였는바, 관계 법리 및 기록에 비추어 살펴보면, 이와 같은 원심의 판단도 옳고, 거기에 상고이유의 주장과 같은 채증법칙 위배나 약관규제법의 무효약관에 관한 법리오해 등의 위법이 있다고 할 수 없다.

2. 피고의 상고이유에 대하여

원심은, 임대차보증금은 임대차계약 종료 후 목적물을 인도할 때까지 임대차와 관련하여 발생하는 차임 및 그 상당의 부당이득 등 임차인의 모든 채무를 담보하는 것이므로 임대인은 임차인에게 그 금액을 공제한 잔액만을 반환할 의무가 있다고 전제한 다음, 그 채용 증거들을 종합하여 피고가 원고에게 이 사건 임대차계약 종료 후 이 사건 건물의 인도완료일까지 34일간 발생한 차임 및 관리비 상당의 부당이득으로서 748만 원을 지급할 의무가 있으니 원고가 이 사건 배상금 조항에 따라 임대차보증금에서 공제한 15,841,280원 중 위 748만 원을 초과하는 범위의 금액은 피고에게 부당이득으로 반환되어야 하고, 따라서 이 사건 집행권원인 서울서부지방법원 2006. 2. 20. 고지 2006가소24114 이행권고결정에 기한 강제집행은 8,361,280원(15,841,280원 - 748만 원) 및 이에 대한 지연손해금을 초과하는 부분에 한하여 허용될 수 없다고 판단하였다.

그런데 기록에 의하면, 피고는 이 사건 2007. 6. 28.자 준비서면에서 이 사건 건물을 인도하면서 이 사건 배상금 조항에 따른 손해배상금과는 별도로 이 사건 건물의 점유·사용에 따른 부당이득으로서 748만 원을 지급하였다고 주장한 바 있고, 위 서울서부지방법원 2006가소24114호 사건에서도 같은 내용으로 주장한 바 있으며, 원고의 상무이사인소외인도 수사기관에서 이러한 금원의 수령사실을 인정하는 취지로 진술한 바 있음을 알 수 있다.

그렇다면 원심으로서는 피고가 원고에게 이 사건 배상금 조항에 따른 손해배상금과는 별도로 부당이득으로서 748만 원을 지급하였는지 여부에 관하여 심리한 다음, 만일 그것이 인정되는 경우라면 위 이행권고결정에 기한 강제집행의 불허를 구하는 원고의 이 사건 청구를 기각하였어야 할 것임에도, 이에 관하여는 전혀 심리하지 아니한 채 원고의 청구를 일부 인용하고 말았으니, 이러한 원심판결에는 심리를 제대로 하지 아니한 위법이 있고, 이러한 위법은 판결에 영향을 미쳤음이 분명하다.

3. 결론

그러므로 원심판결 중 피고 패소 부분을 파기하고, 그 부분 사건을 다시 심리·판단하게 하기 위하여 원심법원에 환송하며, 원고의 상고를 기각하기로 하여 관여 법관의 일치된 의견으로 주문과 같이 판결한다.

12. 외국인 또는 외국국적동포의 대항력 취득

대법원 2018. 9. 28. 선고 2015다254224 판결
[임대차보증금][미간행]

외국인 또는 외국국적동포가 구 출입국관리법이나 구 재외동포의 출입국과 법적 지위에 관한 법률에 따라 외국인등록이나 체류지변경신고 또는 국내거소신고나 거소이전신고를 한 경우, 주택임대차보호법 제3조 제1항에서 주택임대차의 대항력 취득 요건으로 규정하고 있는 주민등록과 동일한 법적 효과가 인정되는지 여부(적극) 및 대항력을 갖춘 임차주택이 양도되어 양수인이 임대인의 지위를 승계한 경우, 양도인의 임대차보증금반환채무가 소멸하는지 여부(적극)

【참조조문】

헌법 제2조 제2항, 제6조 제2항, 주택임대차보호법 제3조 제1항, 제2항, 제3조의6, 주택임대차보호법 시행령 제4조 제1항, 구 출입국관리법(2010. 5. 14. 법률 제10282호로 개정되기 전의 것) 제31조 제1항, 제32조 제4호, 제36조 제1항, 제88조의2 제2항, 구 재외동포의 출입국과 법적 지위에 관한 법률(2014. 5. 20. 법률 제12593호로 개정되기 전의 것) 제2조, 제10조, 주민등록법 제6조 제1항 제3호, 제29조 제2항

【참조판례】

대법원 1996. 2. 27. 선고 95다35616 판결(공1996상, 1094)
대법원 2016. 10. 13. 선고 2014다218030, 218047 판결(공2016하, 1658)

【전문】

【원고, 피상고인】 원고(영문 이름 생략)

【피고, 상고인】 피고 (법정대리인 친권자 부 소외 1) (소송대리인 법무법인(유한) 정률 담당변호사 이찬희 외 3인)

【원심판결】 서울고법 2015. 11. 20. 선고 2015나2029624 판결

【주문】

원심판결을 파기하고, 사건을 서울고등법원에 환송한다.

【이유】

상고이유를 판단한다.

1. 외국인 또는 외국국적동포가 구 출입국관리법(2010. 5. 14. 법률 제10282호로 개정되기 전의 것)이나 구 재외동포의 출입국과 법적 지위에 관한 법률(2014. 5. 20. 법률 제12593 호로 개정되기 전의 것, 이하 '재외동포법'이라 한다)에 따라서 한 외국인등록이나 체류지변 경신고 또는 국내거소신고나 거소이전신고에 대하여는, 주택임대차보호법 제3조 제1항에서 주택임대차의 대항력 취득 요건으로 규정하고 있는 주민등록과 동일한 법적 효과가 인정된다. 이는 외국인등록이나 국내거소신고 등이 주민등록과 비교하여 공시기능이 미약하다고 하여 달리 볼 수 없다(대법원 2016. 10. 13. 선고 2014다218030, 218047 판결 등 참조).

한편 주택의 임차인이 제3자에 대한 대항력을 갖춘 후 임차주택의 소유권이 양도되어 그 양수인이 임대인의 지위를 승계하는 경우에는, 임대차보증금의 반환채무도 부동

산의 소유권과 결합하여 일체로서 이전하는 것이므로, 양도인의 임대인으로서의 지위나 보증금반환채무는 소멸한다(대법원 1996. 2. 27. 선고 95다35616 판결 등 참조).

2. 가. 원심판결 이유에 의하면, 다음과 같은 사실을 알 수 있다.

   1) 미국 국적의 동포인 원고는 2009. 3. 6. 소외 2를 대리한 소외 3(소외 2의 모친)과 사이에 소외 2 소유의 이 사건 아파트에 관하여 임대차기간 2009. 3. 23.부터 2011. 3. 22.까지, 임대차보증금 6억 원으로 정하여 임대차계약을 체결하고, 그 무렵 소외 3에게 위 임대차보증금을 지급하면서 이 사건 아파트를 인도받아 점유하는 한편 2009. 3. 10. 이 사건 아파트를 국내거소로 신고하였다.

   2) 원고는 소외 2가 2009. 10. 11. 사망한 이후인 2010. 12. 2. 소외 2의 아들이자 유일한 재산상속인인 피고를 대리한 소외 3과 사이에, 임대차기간을 2013. 4. 27.까지로 연장하고 임대차보증금을 7억 원으로 증액하기로 하여 임대차계약을 갱신하고(이하 갱신 전후를 통틀어 '이 사건 임대차계약'이라 한다), 그 무렵 소외 3에게 증액된 1억 원을 지급하였다.

   3) 2013. 4. 10. 이 사건 아파트에 관하여 '2013. 3. 7. 매매'를 원인으로 한 소외 4 명의의 소유권이전등기가 마쳐졌고, 원고는 이 사건 임대차계약 만료 1개월 전에 피고와 소외 4에게 이 사건 임대차계약을 갱신하지 않겠다는 의사표시를 하였다.

나. 위와 같은 사실관계를 앞서 본 법리에 비추어 보면, 외국국적동포인 원고는 이 사건 아파트를 인도받아 점유하고 국내거소로 신고함으로써 주택임대차의 대항력을 취득하였고, 이후 소외 4가 이 사건 아파트의 소유권을 양수하여 임대인의 지위를 승계함으로써 피고의 임대인으로서의 지위나 보증금반환채무는 소멸하였다고 할 것이다.

3. 그럼에도 원심은 이와 달리, 외국국적동포인 원고가 주택임대차보호법상의 대항력을 취득하지 못하였다고 판단하였으니, 이러한 원심의 판단에는 재외동포법상 외국국적동포가 행한 국내거소신고의 효력에 관한 법리를 오해하여 판결에 영향을 미친 위법이 있다. 이를 지적하는 상고이유 주장은 이유 있다.

4. 그러므로 원심판결을 파기하고, 사건을 다시 심리·판단하도록 원심법원에 환송하기로 하여, 관여 대법관의 일치된 의견으로 주문과 같이 판결한다.

13. 이미 시설이 되어 있던 점포를 임차하여 내부시설을 개조한 임차인의 임대차종료로 인한 원상회복채무의 범위

대법원 1990. 10. 30. 선고 90다카12035 판결

[임차보증금][집38(3)민,29;공1990.12.15.(886),2406]

【판시사항】

가. 이미 시설이 되어 있던 점포를 임차하여 내부시설을 개조한 임차인의 임대차종료로 인한 원상회복채무의 범위

나. 임차인이 임대차 종료로 인한 원상회복의무를 지체함으로써 임대인이 대신 원상회복을 완료한 경우 임대인이 입은 손해의 범위

【판결요지】

가. 전 임차인이 무도유흥음식점으로 경영하던 점포를 임차인이 소유자로부터 임차하여 내부시설을 개조 단장하였다면 임차인에게 임대차 종료로 인하여 목적물을 원상회복하여 반환할 의무가 있다고 하여도 별도의 약정이 없는 한 그것은 임차인이 개조한 범위 내의 것으로서 임차인이 그가 임차 받았을 때의 상태로 반환하면 되는 것이지 그 이전의 사람이 시설한 것까지 원상회복할 의무가 있다고 할 수는 없다.

나. 임차인에게 임대차 종료로 인한 원상회복의무가 있는데도 이를 지체한 경우 이로 인하여 임대인이 입은 손해는 이행지체일로부터 임대인이 실제로 자신의 비용으로 원상회복을 완료한 날까지의 임대료 상당액이 아니라 임대인 스스로 원상회복을 할 수 있었던 기간까지의 임대료 상당액이다.

【참조조문】

　가.나. 민법 제618조 나. 제393조

【전문】

【원고, 상고인】 황중근 소송대리인 변호사 권진욱

【피고, 피상고인】 주식회사 제주종합터미널 소송대리인 변호사 김용은 [원심판결]

【주문】

　원심판결 중 원고 패소부분을 파기하고, 이 부분 사건을 광주고등 법원에 환송한다.

【이유】

　상고이유를 본다.

1. 원심이 인정한 사실은 다음과 같다.

　가. 원고는 1985.1.1. 피고로부터 제주시외버스종합터미널 건물 지하에 있는 무도유흥음식점(이하 이 사건 점포라 한다)을 보증금은 금 25,000,000원, 차임은 부가가치세 금 1,000,000원을 포함한 연 금11,000,000원, 기간은 같은 해 12.31.까지로 정하여 임차하되 위 보증금은 계약기간 만료 후 원고가 이 사건 점포를 원상회복하여 반환함과 동시에 이를 지급받기로 약정하였다.

　나. 원고는 소외 강한복과 함께 1982.경 당시 다른 사람이 상호를 "야광캬바레"로 하여 무도유흥음식점으로 경영하던 이 사건 점포를 피고(원심판결에 원고라고 된 것은

오기로 보인다)로부터 임차하여 같은 영업을 경영하다가 부근에 경쟁업소가 생기자 내부시설을 대폭 개조 단장하고 상호를 "뉴-서울"로 변경하여 계속 영업을 해오던 중 1985.1.1.부터는 위와 같이 단독으로 피고와 이 사건 임대차계약을 맺고 영업을 계속하여 왔으며 원고는 위 임대차계약기간의 종료일이 가까워지자 임대차를 갱신하지 아니하기로 하여 1985.12.13. 피고로부터 원상복구후 1986.1.1.자로 이 사건 점포를 반환하라는 통보를 받고 1985.12.27. 이 사건 점포에서 퇴거하였으나 그 당시 조명등을 떼어가면서 천정을 부수어 놓았을 뿐만 아니라 원고와는 다른 업종을 경영하려는 사람의 임차사용이 가능할 정도로 원상회복도 하지 아니하여, 피고가 1986.1.20. 원고에게 이 사건 점포의 원상회복을 촉구하고 임차보증금에서 같은 해1.1.부터 이 사건 점포를 원상회복후 반환받을 때까지 입게 되는 손해를 공제한 나머지를 반환하겠다고 통보하였다.

다. 원고는 그 다음날 피고에게 자신은 원상회복을 하려고 하였으나 골조를 남겨 달라는 피고 대표의 부탁으로 원상회복을 하지 아니하였다는 핑계를 대어 원상회복을 거절하고 지체없이 임차보증금 전부 만을 반환하라고 촉구하자, 피고는 같은 해 2.3.원고에게 원고의 원상회복의 지연으로 이 사건 점포를 사용하지 못하고 있으므로 피고가 정한 1986년도 차임 금 12,600,000원 및 원상회복공사비 기타 부담금과 손해금을 임차보증금에서 공제하게 됨을 통보하였다.

라. 그러자 원고는 같은 해 3.26. 다시 피고에게 자신이 피고의 요구에 따라 이 사건 점포의 원상복구를 완료하였는데도 그것이 미비하다는 이유로 피고로부터 임차보증금을 반환받지 못하고 있다고 주장하면서 만일 피고의 주장대로 미비한 점이 있다면 그 지적과 함께 견적서를 첨부, 필요한 공사비를 공제한 후 같은 해 3.31.까지 임차보증금을 돌려 달라고 통지하였다.

마. 이와 같이 원고는 이 사건 점포의 원상회복이 되었음을 이유로 임차보증금의 반환을 요구하고, 피고는 원상회복이 되어 있지 아니함을 이유로 그 명도를 받고 임차보증금을 반환하기를 거절함으로써 원상회복 여부에 관한 다툼이 생겨 그

부동산인도 및 임대차 소송 실무

명도가 지체되어 오다가, 원고가 제주지방검찰청 내의 법률구조협회에 구조를 의뢰하여 2회에 걸쳐 심문을 마친 결과 원고가 이 사건 점포를 완전히 원상회복하여 명도하고 피고로부터 임차보증금을 받아 가기로 양해하였다.

바. 그 후 원고는 같은 해 6월 말경까지 합계 금5,000,000원 정도의 비용을 들여 이 사건 점포의 천정 및 조명시설 등 복구공사를 하였으나 여전히 원상회복에 미흡하여, 피고는 스스로 1986.10. 말경부터 같은 해 12.29.까지 이 사건 점포의 배전판공사, 화장실 천정의 보수공사 등의 비용으로 합계 금 741,965원을 지출하여 원상회복을 완료한 후 위 임차보증금 25,000,000원에서 위 공사비 금 741,965원과 이 사건 임대차계약종료 다음날로부터 1987.1.8.까지의 차임상당액 금 12,600,000원을 공제한 나머지 금 11,658,035원을 원고에게 지급하기에 이른 것이다.

2. 원심의 판단

가. 건물임대차에 있어서 임대차종료후 임차인이 임차목적물을 원상회복하여 명도할 의무와 임대인이 연체차임 기타 손해배상금을 공제하고 남은 임차보증금을 반환할 의무와는 동시이행의 관계에 있다 할 것이나 임차인이 원상회복을 하지 않을 의사를 명백히 표시하는 경우 임대인은 임차보증금을 준비하고 그 수령 및 임차목적물의 원상회복과 명도를 최고하는 구두제공의 방법에 의하여 임차인을 지체에 빠뜨릴 수 있다 할 것인바, 원고는 1986.1.21. 원상회복을 거절하였고 피고가 이에 대하여 같은 해 2.3. 원고에게 임차보증금의 지급의사를 통지함으로써 원고는 그 다음날부터 이행지체로 된다 할 것이므로 원고는 그로 인한 손해배상책임이 있다 할 것이고, 그 손해액은 1986.2.4.부터 피고가 자신의 비용으로 원상회복을 완료함으로써 비로소 이 사건 점포의 명도가 이루어진 셈이 되는 1986.12.29.까지 329일 동안피고가 이 사건 점포를 타에 임대하여 얻을 수 있었을 차임상당액인 금 9,915,068원이 된다.

나. 피고로서도 어떻든 원고가 제의한 바대로 지체없이 자신의 비용으로 직접 원상회복을 하여 이사 건 점포를 타에 임대하지 아니한 잘못으로 그 손해가 확대되었다 할 것이므로 이러한 피고의 과실을 참작하면 원고가 피고에게 배상할 손해액은 금 6,610,045원(9,915,068×2/3)으로 정함이 상당하다.

다. 원고가 지출한 금 5,000,000원의 공사비는 원고가 원상회복의무의 일환으로 지출한 비용임을 자인하고 있으므로 반환청구를 할 수 없다.

3. 당원의 판단

가. 원심이 인정한 사실에 의하면 원고는 다른 사람(제1심의 피고 소송대리인의 제출한 1988.6.30.자 준비서면에 의하면 피고는 위 건물이 준공되자 1979.6.18. 최초로 소외 양성익에게 임대하여 주었다고 되어 있다)이 무도유흥음식점으로 경영하던 이 사건 점포를 피고로부터 임차하여 내부시설을 개조단장 하였다는 것인바 그렇다면 원고에게 임대차종료로 인하여 목적물을 원상회복하여 반환할 의무가 있다고 하여도 별도의 약정이 없는 한 그것은 원고가 개조한 범위 내의 것으로서 원고는 그가 임차받았을 때의 상태로 반환하면 되는 것이지 원고 이전의 사람이 시설한 것까지 원상회복할 의무가 있다고 할 수는 없을 것이다.

그러므로 원심으로서는 원·피고간에 원상회복에 관하여 어떠한 약정이 있었는지 있었다면 그 내용과 취지는 무엇인지, 원고가 임차할 당시의 목적물의 상태는 어떠하였고 원고가 개조 단장한 시설은 어느것이며 피고가 요구한 원상회복의 범위는 어느 정도의 것이었는지, 그리고 실제로 원고가 원상회복을 한 것은 어떤 것이었는지를 심리, 확정하여 이에 터잡아 원고의 원상회복의 이행여부나 손해배상책임의 유무 또는 그 범위를 판단하여야 할 것인데 원심이 여기에 이르지 아니한 것은 심리를 미진한 것 아니면 이유가 불비한 위법이 있다고 아니할 수 없다.

나. 원고가 원상회복의무가 있는데도 원심이 인정한 바와 같은 경위로 이를 지체한

것이라면 이로 인하여 피고가 입은 손해는 원고의 이행지체일로부터 피고가 실제로 자신의 비용으로 원상회복을 완료한 날까지의 임대료 상당액이 아니라 피고 스스로 원상회복을 할 수 있었던 상당한 기간까지의 임대료 상당액이 되어야 할 것이다.

원심이 이 부분 판단에는 손해배상액의 산정에 관한 법리를 오해한 위법이 있다고 보아야 할 것이다.

다. 기록을 살펴보면 원고가 원고 주장의 유익비 금 5,000,000원은 이건 원상회복의무의 일환으로서 한 공사금이라고 진술(제1심의 26차 변론기일)한 것은 원고가 부담하여야 할 원상회복의무의 이행으로 지출한 비용임을 자인한 것이라기 보다는 원고에게 그와 같은 원상회복의무가 있는 것이 아닌데 피고가 임차보증금의 반환을 거부하며 요구하여 의무 없이 들인 원상복구비라는 취지의 진술을 하고 그 반환을 구한 것으로 보인다.

원심의 이 부문 설시는 원고의 진술취지를 잘못 이해하고 판단을 유탈한 것 아니면 이유불비라고 할 것이다.

4. 그리고 원심의 위와 같은 법리오해는 판결에 영향을 미치는 것이므로 상고이유의 나머지 부분에 대한 판단을 할 것 없이 원심판결 중 원고 패소부분을 파기하고, 사건을 원심법원에 환송하기로 하여 관여 법관의 일치된 의견으로 주문과 같이 판결한다.

14. 임차인이 임차목적물을 반환할 때에는 일체 비용을 부담하여 원상복구를 하기로 약정한 경우, 임차인의 유익비상환청구권을 포기하기로 한 특약이라고 볼 것인지

대법원 1994. 9. 30. 선고 94다20389, 20396 판결
[손해배상(기),건물명도(반소)][공1994.11.1.(979),2854]

【판시사항】

가. 임차인이 지출한 간판설치비가 유익비 인지의 여부

나. 임차인이 임차목적물을 반환할 때에는 일체 비용을 부담하여 원상복구를 하기로 약정한 경우, 임차인의 유익비상환청구권을 포기하기로 한 특약이라고 볼 것인지의 여부

다. 임대차계약 종료 후 임차인이 동시이행의 항변권을 행사하여 임차목적물을 계속 점유한 경우 불법점유로 인한 손해배상책임이 발생하는지 여부

【판결요지】

가. 민법 제626조 제2항에서 임대인의 상환의무를 규정하고 있는 유익비란 임차인이 임차물의 객관적 가치를 증가시키기 위하여 투입한 비용을 말하는 것으로, 임차인이 임차건물부분에서 간이 음식점을 경영하기 위하여 부착시킨 시설물에 불과한 간판은 건물부분의 객관적 가치를 증가시키기 위한 것이라고 보기 어려울 뿐만 아니라, 그로 인한 가액의 증가가 현존하는 것도 아니어서 그 간판설치비를 유익비라 할 수 없다.

나. 임대차계약 체결시 임차인이 임대인의 승인하에 임차목적물인 건물부분을 개축 또는 변조할 수 있으나 임차목적물을 임대인에게 명도할 때에는 임차인이 일체 비용을 부담하여 원상복구를 하기로 약정하였다면, 이는 임차인이 임차목적물에 지출한 각종 유익비의 상환청구권을 미리 포기하기로 한 취지의 특약이라고 봄이 상당하다.

다. 임대차계약의 종료에 의하여 발생된 임차인의 임차목적물 반환의무와 임대인의 연체차임을 공제한 나머지 보증금의 반환의무는 동시이행의 관계에 있는 것이므로, 임대차계약 종료 후에도 임차인이 동시이행의 항변권을 행사하여 임차목적물을 계속 점유하여 온 것이라면 임차인의 그 건물에 대한 점유는 불법점유라고 할 수 없으므로, 임차인이 임차목적물을 계속 점유하였다고 하여 바로 불법점유로 인한 손해배상책임이 발생하는 것은 아니라고 보아야한다.

【참조조문】

가.나. 민법 제626조 제2항 가. 민법 제654조(제615조) 다. 민법 제618조, 제536조

【참조판례】

가. 대법원 1991.10.8. 선고 91다8029 판결(공1991,2682)
다. 대법원 1989.10.27. 선고 89다카4298 판결(공1989,1784)
   1992.5.12. 선고 91다35823 판결(공1992,1840)
   1993.11.23. 선고 92다38980 판결(공1994상,162)

【전문】

【원고(반소피고), (피상고인겸 상고인)】 원고(반소피고) 소송대리인 변호사 송호신

【피고(반소원고), (상고인 겸 피상고인)】 피고(반소원고) 소송대리인 변호사 김학만

【원심판결】 서울민사지방법원 1994.2.18. 선고 93나30036,30043(반소) 판결

【주문】

상고를 모두 기각한다. 상고비용은 각자의 부담으로 한다.

【이유】

1. 원고(반소피고, 이하 원고라 한다)의 상고이유를 본다.

가. 제1점에 대하여

원심이, "이 사건 임대차계약이 1991.10.5.자 원고의 해지 의사표시에 의하여 종료되었다"는 원고의 주장을 배척한 데에 소론과 같은 채증법칙 위배로 인한 사실오인 및 임대차계약 해지에 관한 법리오해의 위법이 없으므로, 논지는 이유가 없다.

나. 제2점에 대하여

원심판결 이유에 의하면, 원심이 임차목적물인 이 사건 건물부분에서 간이음식점영업을 한 소외인이 1992.10.분부터 1993.3.분까지의 차임 합계액 금 4,200,000원을 "원고"에게 직접 지급하였다고 인정하고 있음은 소론과 같다.

그러나 원심이 위 사실을 인정함에 있어 인용한 증거들을 기록에 비추어 살펴보면, 위 인정사실은 원심 증인 소외인의 증언에 의한 것으로 보이는바, 위 소외인의 증언을 보면 동인이 위 차임을 직접 지급한 상대방은 '피고(반소 원고, 이하 피

고라 한다)'라고 증언하고 있고, 또한 원심이 피고가 원고에 대하여 반환의무를 지는 임차보증금 22,000,000원에서 공제되는 이 사건 건물부분 명도일까지의 연체차임을 계산함에 있어서 위 차임 합계액 금 4,200,000원을 피고에게 이미 지급된 차임 속에 포함시켜 공제하고 있는 점 등에 비추어 보면, 원심이 위 소외인이 위 차임을 직접 지급한 상대방을 '원고'로 설시한 것은 '피고'의 단순한 오기임이 분명하므로, 원심판결에 소론과 같은 이유모순 또는 채증법칙 위배로 인한 사실오인의 위법이 있다고 할 수 없다. 논지도 이유가 없다.

다. 제3점에 대하여

원심이 '원·피고 사이에 이 사건 건물의 준공검사지연으로 인한 원고의 영업상 손해를 배상하여 주기로 하는 약정이 이루어졌다'는 원고의 주장을 배척하였음은 옳고, 거기에 소론과 같은 사실오인의 위법이 없으므로, 논지 또한 이유가 없다.

라. 제4점에 대하여

민법 제626조 제2항에서 임대인의 상환의무를 규정하고 있는 유익비란 임차인이 임차물의 객관적 가치를 증가시키기 위하여 투입한 비용을 말하는 것인바(당원 1991.10.8. 선고 91다8029 판결 참조), 원심이, 이 사건 간판은 원고가 이 사건 건물부분에서 간이 음식점을 경영하기 위하여 부착시킨 시설물에 불과하여 위 건물부분의 객관적 가치를 증가시키기 위한 것이라고 보기 어려울 뿐만 아니라, 그로 인한 가액의 증가가 현존하는 것도 아니어서 그 간판설치비를 유익비라 할 수 없다고 인정·판단하였음은 이러한 법리에 따른 것으로서 옳고, 거기에 소론과 같은 사실오인 및 법리오해의 위법이 있다고 할 수 없으므로 논지는 이유가 없다.

마. 제5점에 대하여

원심은, 원고가 피고와의 합의 아래 임차목적물인 이 사건 건물부분에 그 판시 공사비를 투입하여 보일러 시설공사를 한 사실과 아울러 이 사건 임대차계약 체결시 임차인인 원고는 임대인인 피고의 승인하에 이 사건 건물부분을 개축 또는 변조할 수 있으나 임차목적물을 임대인에게 명도할 때에는 임차인이 일체 비용을 부담하여 원상복구를 하기로 약정한 사실을 인정하였는바, 기록에 의하여 관계증거를 살펴 보면 원심의 위 사실 인정을 수긍할 수 있고, 거기에 소론과 같은 사실오인의 잘못이 있다고 할 수 없다.

그리고 원심판시와 같이 원고가 이 사건 건물부분을 임대인인 피고에게 반환할 때에는 일체 비용을 부담하여 원상복구를 하기로 약정하였다면, 이는 원고가 위 임차목적물에 지출한 각종 유익비의 상환청구권을 미리 포기하기로 한 취지의 특약이라고 봄이 상당하므로, 이와 같은 취지에서 원고의 위 보일러 시설 공사비 상환청구권을 배척한 원심의 판단은 옳고, 거기에 유익비상환청구권의 포기에 관한 법리오해가 있다 할 수 없다. 논지도 역시 받아들일 수 없다.

2. 피고의 상고이유를 본다.

가. 제1점에 대하여

원심이, 원고가 1991.11.경부터 1992.3.경까지 5개월 동안 이 사건 임차건물부분을 계속 점유하기는 하였으나 거기에서 간이음식점 영업을 하지 못함으로써 본래의 임대차계약상의 목적에 따라 사용, 수익하지 못하였다고 인정·판단하였음은 옳고, 거기에 소론과 같은 채증법칙 위배로 인한 사실오인 및 처분권주의 위배의 위법이 없으므로, 논지는 이유가 없다.

나. 제2점에 대하여

임대차계약의 종료에 의하여 발생된 임차인의 임차목적물 반환의무와 임대인의 연체차임을 공제한 나머지 보증금의 반환의무는 동시이행의 관계에 있는 것이므로, 임대차계약종료 후에도 임차인이 동시이행의 항변권을 행사하여 임차목적물을 계속 점유하여 온 것이라면 임차인의 그 건물에 대한 점유는 불법점유라고 할 수 없으므로, 임차인이 임차목적물을 계속 점유하였다고 하여 바로 불법점유로 인한 손해배상책임이 발생하는 것은 아니라고 보아야 할 것인바(당원 1989.10.27. 선고 89다카2498 판결 참조), 소론과 같이 원심이 피고의 변론기일에서의 진술에 대하여 그 주장의 취지가 이 사건 임대차계약상의 임차기간만료일부터 임차건물부분 명도시까지의 원고의 임차목적물 점유로 인한 차임 상당의 손해배상을 구하는 것인지를 석명하여 이를 심리한다고 하더라도, 원고의 손해배상책임이 인정되어 피고가 원고에게 반환할 임차보증금에서 공제될 수는 없을 것이므로, 결국 원심이 원고의 임차보증금에서 임차기간 만료 후 임차건물부분 명도시까지의 차임 상당을 공제하지 아니하였음은 옳고, 거기에 소론과 같은 석명권불행사나 심리미진의 위법이 있다고 할 수 없다. 논지도 역시 받아들일 수 없다.

3. 이에 상고를 모두 기각하고, 상고비용은 각자의 부담으로 하기로 관여 법관의 의견이 일치되어 주문과 같이 판결한다.

15. 임대차계약 종료에 따른 임차인의 임차목적물 반환의무와 임대인의 권리금 회수 방해로 인한 손해배상의무가 동시이행관계에 있는지

건물명도

[대법원 2019. 7. 10., 선고, 2018다242727, 판결]

【판시사항】

[1] '동시이행의 항변권' 제도의 취지 및 당사자가 부담하는 각 채무가 쌍무계약에서 고유의 대가관계에 있는 채무가 아니더라도 동시이행의 항변권을 인정할 수 있는 경우

[2] '임대차계약 종료에 따른 임차인의 임차목적물 반환의무와 임대인의 권리금 회수 방해로 인한 손해배상의무가 동시이행관계에 있는지 여부(소극)

【판결요지】

[1] 동시이행의 항변권은 공평의 관념과 신의칙에 입각하여 각 당사자가 부담하는 채무가 서로 대가적 의미를 가지고 관련되어 있을 때 그 이행에 견련관계를 인정하여 당사자 일방은 상대방이 채무를 이행하거나 이행의 제공을 하지 아니한 채 당사자 일방의 채무의 이행을 청구할 때에는 자기의 채무 이행을 거절할 수 있도록 하는 제도이다. 이러한 제도의 취지에서 볼 때 당사자가 부담하는 각 채무가 쌍무계약에서 고유의 대가관계에 있는 채무가 아니더라도, 양 채무가 동일한 법률요건으로부터 생겨서 대가적 의미가 있거나 공평의 관점에서 보아 견련적으로 이행시킴이 마땅한 경우에는 동시이행의 항변권을 인정할 수 있다.

부동산인도 및 임대차 소송 실무

[2] 임차인의 임차목적물 반환의무는 임대차계약의 종료에 의하여 발생하나, 임대인의 권리금 회수 방해로 인한 손해배상의무는 상가건물 임대차보호법에서 정한 권리금 회수기회 보호의무 위반을 원인으로 하고 있으므로 양 채무는 동일한 법률요건이 아닌 별개의 원인에 기하여 발생한 것일 뿐 아니라 공평의 관점에서 보더라도 그 사이에 이행상 견련관계를 인정하기 어렵다.

【참조조문】

[1] 민법 제536조
[2] 민법 제536조, 제615조, 제654조, 상가건물 임대차보호법 제10조의4

【참조판례】

[1] 대법원 2018. 7. 24. 선고 2017다291593 판결(공2018하, 1770)

【전문】

【원고, 피상고인】
원고 (소송대리인 변호사 정희채)

【피고, 상고인】
피고 1 외 1인 (소송대리인 법무법인 율현 담당변호사 윤배경 외 1인)

【원심판결】
수원지법 2018. 5. 30. 선고 2017나68141 판결

【주문】
상고를 모두 기각한다. 상고비용은 피고들이 부담한다.

【이유】

상고이유를 판단한다.

1. 원심의 판단

원고의 임대차기간 만료를 이유로 한 임차목적물 인도청구에 대하여, 피고들은 원고가 권리금 회수 방해로 인한 손해배상채무를 이행할 때까지 임차목적물을 인도할 수 없다고 동시이행의 항변을 하였고, 이에 대해 원심은 아래와 같이 판단하여 피고의 항변을 배척하였다.

가. 1) 이 사건 임대차계약의 전체 임대차기간이 5년을 초과하여 피고들이 원고에게 계약갱신요구를 할 수 없으므로, 원고는 상가건물 임대차보호법 제10조의4 제1항에 따른 권리금 회수기회 보호의무를 부담하지 않고, 2) 원고의 보호의무가 인정된다고 하더라도, 피고들이 원고에게 신규임차인을 주선하였거나, 정당한 사유 없이 원고가 피고들이 주선한 신규임차인이 되려는 자와 임대차계약 체결을 거절하는 등 권리금 회수 방해 행위를 하였다는 사실을 인정할 증거가 없으므로, 결국 원고는 피고들에 대하여 권리금 회수 방해로 인한 손해배상책임을 부담하지 않는다.

나. 설령 원고가 권리금 회수 방해로 인한 손해배상책임을 진다고 하더라도, 임대인의 권리금 회수 방해로 인한 손해배상의무와 임차인의 임차목적물 반환의무 사이에는 이행상의 견련관계가 없으므로, 피고들의 동시이행항변은 이유 없다.

2. 피고들의 상고이유 주장

피고들은 원고의 손해배상책임을 인정하지 않은 원심판결에 상가건물 임대차보호법 제10조의4 제1항에 관한 법리오해 및 권리금 회수 방해 행위의 인정 여부에 관한 자유심증주의의 한계를 위반하는 등의 잘못이 있다고 주장한다.

3. 대법원의 판단

가. 동시이행의 항변권은 공평의 관념과 신의칙에 입각하여 각 당사자가 부담하는 채무가 서로 대가적 의미를 가지고 관련되어 있을 때 그 이행에 견련관계를 인정하여 당사자 일방은 상대방이 채무를 이행하거나 이행의 제공을 하지 아니한 채 당사자 일방의 채무의 이행을 청구할 때에는 자기의 채무 이행을 거절할 수 있도록 하는 제도이다. 이러한 제도의 취지에서 볼 때 당사자가 부담하는 각 채무가 쌍무계약에서 고유의 대가관계에 있는 채무가 아니더라도, 양 채무가 동일한 법률요건으로부터 생겨서 대가적 의미가 있거나 공평의 관점에서 보아 견련적으로 이행시킴이 마땅한 경우에는 동시이행의 항변권을 인정할 수 있다(대법원 2018. 7. 24. 선고 2017다291593 판결 등 참조).

그런데 임차인의 임차목적물 반환의무는 임대차계약의 종료에 의하여 발생하나, 임대인의 권리금 회수 방해로 인한 손해배상의무는 상가건물 임대차보호법에서 정한 권리금 회수기회 보호의무 위반을 원인으로 하고 있으므로 양 채무는 동일한 법률요건이 아닌 별개의 원인에 기하여 발생한 것일 뿐 아니라 공평의 관점에서 보더라도 그 사이에 이행상 견련관계를 인정하기 어렵다. 따라서 피고들의 동시이행항변을 배척한 원심판단은 정당하다.

나. 비록 임차인이 임대인에게 계약갱신요구권을 행사할 수 없는 경우에는 임대인이 권리금 회수기회 보호의무를 부담하지 않는다고 판단한 원심판결에는 상가건물 임대차보호법 제10조의4 제1항에서 정한 임대인의 권리금 회수기회 보호의무의 발생요건에 관한 법리를 오해한 잘못이 있으나(대법원 2019. 5. 16. 선고 2017다 225312, 225329 판결 참조), 피고들이 동시이행의 항변권을 주장할 수 없는 이상 원심의 위 잘못은 판결에 영향을 미치지 않는다. 또한 권리금 회수 방해 행위의 인정 여부에 관한 원심판결에 상고이유 주장과 같이 자유심증주의의 한계를 위반하는 등의 잘못이 있다고 하더라도, 결국 피고들의 동시이행의 항변은 받아들일 수 없으므로 역시 판결에 아무런 영향을 줄 수 없음이 분명하다.

4. 결론

그러므로 상고를 모두 기각하고, 상고비용은 패소자들이 부담하도록 하여, 관여 대법관의 일치된 의견으로 주문과 같이 판결한다.

16. 지하도 상가운영 목적의 도로점용 허가를 받은 자가 그 상가 소유자인 시를 대위하여 불법점유자에 대하여 직접 자기에게 명도할 것을 청구할 수 있는지

대법원 1995. 5. 12. 선고 93다59502 판결

[점포명도등][공1995.6.15.(994),2094]

【판시사항】

가. 채권자 대위소송에서 제3채무자는 채무자가 채권자에게 주장할 수 있는 사유를 원용할 수 없는지 여부

나. 지하도 상가운영 목적의 도로점용 허가를 받은 자가 그 상가 소유자인 시를 대위하여 불법점유자에 대하여 직접 자기에게 명도할 것을 청구할 수 있는지 여부

【판결요지】

가. 채권자 대위권을 행사하는 사건에 있어서, 제3채무자는 채무자가 채권자에게 주장할 수 있는 사유를 원용할 수 있는 것이 아니다.

나. 지하도상가의 운영을 목적으로 한 도로점용 허가를 받은 자로서 그 상가의 소유자 겸 관리주체인 시에 대하여 그 상가 내 각 점포의 사용을 청구할 수 있는 권리를 가지는 자는, 시에 대한 위 각 점포사용청구권을 보전하기 위하여 그 점포들의 소유자인 시가 불법점유자들에 대하여 가지는 명도청구권을 대위행사할 수 있고, 이러한 경우 불법점유자들에 대하여 직접 자기에게 그 점포들을 명도할 것을 청구할 수도 있다.

【참조조문】

　　민법 제404조

【참조판례】

　　가. 대법원 1992.11.10. 선고 92다35899 판결(공1993상,90)

　　　　1993.3.26. 선고 92다25472 판결(공1993상,1288)

　　나. 대법원 1980.7.8. 선고 79다1928 판결(공1980,12994)

【전문】

【원고, 피상고인】주식회사 만모수 소송대리인 변호사 김기열

【피고, 상고인】최은열 외 2인 피고들 소송대리인 변호사 장기욱 외 1인

【원심판결】서울고등법원 1993.10.15. 선고 92나29735 판결

【주문】

　　상고를 모두 기각한다.

　　상고비용은 피고들의 부담으로 한다.

【이유】

　　상고이유 및 상고이유서 제출기간 경과후에 제출된 상고이유보충서 중 상고이유를 보충하는 부분을 함께 판단한다.

1. 기록에 나타난 증거들에 의하면, 소외 서울특별시(이하 서울시라고 줄여쓴다)가 소외 대왕상가주식회사(이하 소외 회사라고 줄여쓴다)로부터 원심판시 이 사건 지하도상가를 기부채납받고 1975.1.14. 위 회사에게 위 상가의 운영을 점용 목적으로 한 도로점용허가를 함에 있어, 허가기간을 원칙적으로 1년으로 하되 그 기간만료 20일 전에 신청이 있는 경우에 한하여 이를 갱신할 수 있으며, 특히 그 허가 조건으로서 수허가자는 도로의 점용권을 서울시의 승인 없이 타에 양도 등 처분하지 못한다고 정하였는데, 소외 회사가 같은 해 3.31. 서울시 동대문구청에 대하여 위 상가의 직영이 곤란함을 들어 타인에 대한 양도를 승인해 달라고 신청하였다가 거절당하였음에도 불구하고, 위 회사는 적어도 향후 30년 간은 당국으로부터 차질 없이 위 도로점용의 허가를 갱신받을 수 있으리라고 보고 위 상가 내의 점포를 일반임대분양의 형식으로 30년의 기간을 정하여 타에 그 이용권을 무단양도하였고, 이에 따라 피고들은 위 피분양자들로부터 각기 원심 판시 이 사건 점포들에 관한 이용권을 전전 양수하기에 이른 것임이 분명하고, 서울시가 이 사건 지하도상가를 소외 회사에게 향후 30년 간 동안 무상사용을 승낙하였다고 볼 아무런 자료가 없다. 사실이 이와 같은 이상 다른 특별한 사정이 없는 한 소외 회사나 피고들은 서울시에 대하여 이 사건 점포들에 관하여 적법한 점유사용권원이 있다고 대항할 수 있는 지위에 있지 않다고 할 것이고, 피고들이 이 사건 점포들의 이용권을 양수함에 있어 원래의 위 피분양자들이 미납한 일부 분양대금을 분양회사측에 납부한 바 있다고 하더라도, 이로써 피고들이 위 점포들에 관한 영구적인 점유사용권을 취득하게 되는 것이라고 볼 수도 없다.

따라서 피고들이 서울시에 대한 관계에 있어 이 사건 각 점포의 점유사용 권원을 갖지 아니한 불법점유자에 해당한다고 판단한 원심의 조치는 정당하고, 거기에 상고이유가 지적하는 바와 같이 자유심증주의 한계를 일탈하였거나 경험칙에 어긋난 증거판단을 한 잘못이 없고, 심리미진, 이유모순, 이유불비의 위법이 있다 할 수 없으므로, 이 점 상고이유는 받아 들일 수 없다.

2. 원심판결 이유를 기록에 비추어 살펴보면, 원고 회사가 피고들에게 이 사건 각 점포

의 이용권을 전전 양도한 소외 회사의 계약상 지위를 그대로 승계한 것이 아니라고 본 원심의 조치는 옳고 거기에 아무런 위법이 없다. 다만 원심이 인정한 바와 같이 원고 회사가 당초 1979.4.3. 서울시로부터 이 사건 지하도상가에 관한 도로점용허가를 받을 당시 그 허가조건상에 "입주상인의 거취와 기존 계약관계의 해약 및 계속 임대 여부는 입주자의 의사에 따라 결정하여야 한다"는 내용이 포함되어 있었으나, 이 부관은 서울시가 원고에 대하여 기존 입주상인들과 사이의 점포임대관계 문제를 입주자들의 의사에 따라 해결하라는 취지여서, 원고가 이를 이행하지 아니하였을 때에는 서울시가 이를 이유로 도로점용허가를 철회할 수 있음은 별론으로 하고, 원고의 도로점용권의 발생·소멸에 직접적인 영향을 미치는 것이 아니므로 채권자 대위권을 행사하는데 아무런 지장이 없으며, 원고가 이 도로점용권의 보전을 위하여 채권자 대위권을 행사하는 이 사건에 있어서 제3채무자인 피고들이 채무자인 서울시가 채권자인 원고에게 주장할 수 있는 이 사유를 원용할 수 있는 것도 아니다(대법원 1992.11.10. 선고 92다35899 판결; 1993.3.26. 선고 92다25472 판결 등 참조). 더욱이 도로점용허가에 이러한 부관이 붙어있다는 사실만으로 곧바로 원고가 위 입주상인들이나 그로부터 위 점포사용권리를 양수한 피고들에 대하여 구체적으로 해당 점포의 이용권을 직접 부여한 것이라거나 입주상인들이 그러한 권리를 바로 취득한 것이라고 할 수 없음은 물론, 원고 회사가 1981.4.경 제정한 이 사건 지하상가 관리지침상에 원고가 소외 회사와 임대차계약을 체결하였거나 그로부터 임차권을 양수하여 당시까지 위 상가 내 점포를 점유사용하고 있는 구상인들에 대하여 소외 회사와의 계약관계를 존중하여 기득권을 보장해 주고, 그 사용기간은 서울시로부터 허가받은 점용기간에 한하되, 허가갱신을 받은 때에는 특별한 사정이 없는 한 위 구상인들과의 계약관계를 갱신하기로 한다는 취지의 규정이 명시되어 있었으나, 위 관리지침은 그 성질상 원고 회사가 잠정적으로 정한 내부운영지침에 불과하고, 피고들은 위 관리지침에서 지칭하는 소외 회사로부터 위 상가점포를 임대받거나 그 임차권을 양수하여 당시 이를 점유사용하고 있던 구상인들에 해당하지도 아니하므로, 위 관리지침을 근거로 원고가 피고들에 대하여 직접 이 사건 각 점포에 관한 구체적인 이용관계를 설정한 것이라고 단정할 수도 없다. 따라서 피고들이 원고나 서울시에 대하여 대항할 수 있는 이 사건 점포들에 관한 무슨 이용권이 있음을 전제로 하여 원고의 서울시를 대위한 이 사건 점포명도청구가 채권자 대위권 행사의 법리를 오해한 것이라거나 신의칙에 반하는 것이라고 할 수 없다. 이 점을 지적하는 상고이유도 받아들일 수 없다.

3. 원고는 이 사건 지하도상가의 운영을 목적으로 한 도로점용 허가를 받은 자로서 위 상가의 소유자 겸 관리주체인 서울시에 대하여 위 상가 내 각 점포의 사용을 청구할 수 있는 권리를 가지는 것이므로, 서울시에 대한 위 각 점포사용청구권을 보전하기 위하여 위 점포들의 소유자인 서울시가 불법점유자인 피고들에 대하여 가지는 명도청구권을 대위행사할 수 있고, 이러한 경우 원고는 피고들에 대하여 직접 자기에게 위 점포들을 명도할 것을 청구할 수도 있다 할 것이다(대법원 1980.7.8. 선고 79다1928 판결 참조). 이와 같은 취지로 판단한 원심의 조치에 상고이유에서 지적한 바와 같은 무슨 위법이 있다고 할 수 없으므로, 이 점에 관한 상고이유도 받아들일 수 없다.

4. 그리고 제1심 판결에 기한 가집행에 의하여 당사자가 만족을 얻은 후라도 상소심에서 본안에 관하여 판결을 할 때에는 그 집행에 따른 이행상태는 고려함이 없이 청구의 당부에 관하여 판단하여야 하는 것이므로, 이 사건에서 원심이 피고들이 이미 제1심 판결의 가집행선고에 따라 위 각 점포의 명도집행을 당한 사실을 고려하지 않고 피고들이 이를 그대로 점유하고 있다고 인정하여 피고들에게 그 명도를 명한 조치에 무슨 위법이 있다 할 수 없다. 그 밖에 당사자의 변론재개신청을 받아들이느냐의 여부는 법원의 재량에 속하는 사항이므로, 원심이 이 사건 변론종결 후에 있은 피고들의 변론재개신청을 불허하고 곧바로 판결을 선고하였다고 하여 그 사유만으로 곧 심리미진의 위법이 있는 것이라고 탓할 수도 없다. 이 점에 관한 상고이유는 그 어느 것도 받아들일 수 없다.

5. 그러므로 상고를 모두 기각하고, 상고비용은 상고인인 피고들의 부담으로 하기로 관여 법관의 의견이 일치되어 주문과 같이 판결한다.

17. 임차인이 임대차계약 종료 후 임차목적물을 계속 점유하였으나 본래의 계약상의 목적에 따라 사용·수익하지 않은 경우, 부당이득반환의무의 성립 여부

대법원 1998. 5. 29. 선고 98다6497 판결

[보증금반환][공1998.7.1.(61),1756]

【판시사항】

[1] 임차인이 임대차계약 종료 후 임차목적물을 계속 점유하였으나 본래의 계약상의 목적에 따라 사용·수익하지 않은 경우, 부당이득반환의무의 성립 여부(소극)

[2] 임차인이 임대차계약 종료 후 동시이행의 항변권을 행사하여 임차목적물을 계속 점유하는 경우, 불법점유로 인한 손해배상의무를 지기 위한 요건

[3] 임차인의 비용상환청구권포기 특약이 있는 경우, 임차인이 임대차계약서상의 원상복구의무를 부담하지 않기로 하는 합의가 있었다고 본 사례

【판결요지】

[1] 법률상의 원인 없이 이득하였음을 이유로 한 부당이득의 반환에 있어 이득이라 함은 실질적인 이익을 의미하므로, 임차인이 임대차계약관계가 소멸된 이후에도 임차목적물을 계속 점유하기는 하였으나 이를 본래의 임대차계약상의 목적에 따라 사용·수익하지 아니하여 실질적인 이득을 얻은 바 없는 경우에는 그로 인하여 임대인에게 손해가 발생하였다 하더라도 임차인의 부당이득반환의무는 성립되지 않는다.

[2] 임대차계약의 종료에 의하여 발생된 임차인의 목적물반환의무와 임대인의 연체차임을 공제한 나머지 보증금의 반환의무는 동시이행의 관계에 있으므로, 임대차계약 종료 후에도 임차인이 동시이행의 항변권을 행사하여 임차건물을 계속 점유하여 온 것이라면, 임대인이 임차인에게 보증금반환의무를 이행하였다거나 현실적인 이행의 제공을 하여 임차인의 건물명도의무가 지체에 빠지는 등의 사유로 동시이행의 항변권을 상실하지 않는 이상, 임차인의 건물에 대한 점유는 불법점유라고 할 수 없으며, 따라서 임차인으로서는 이에 대한 손해배상의무도 없다.

[3] 임대차계약서에 "임차인은 임대인의 승인하에 개축 또는 변조할 수 있으나 계약대상물을 명도시에는 임차인이 일체 비용을 부담하여 원상복구하여야 함."이라는 내용이 인쇄되어 있기는 하나, 한편 계약체결 당시 특약사항으로 "보수 및 시설은 임차인이 해야 하며 앞으로도 임대인은 해주지 않는다. 임차인은 설치한 모든 시설물에 대하여 임대인에게 시설비를 요구하지 않기로 한다." 등의 약정을 한 경우, 임차인은 시설비용이나 보수비용의 상환청구권을 포기하는 대신 원상복구의무도 부담하지 않기로 하는 합의가 있었다고 보아, 임차인이 계약서의 조항에 의한 원상복구의무를 부담하지 않는다고 본 사례.

【참조조문】

[1] 민법 제618조, 제741조[2] 민법 제536조, 제618조, 제750조[3] 민법 제105조, 제626조, 제646조

【참조판례】

[1][2] 대법원 1990. 12. 21. 선고 90다카24076 판결(공1991, 590)
대법원 1992. 4. 14. 선고 91다45202, 45219 판결(공1992, 1589)
대법원 1992. 5. 12. 선고 91다35823 판결(공1992, 1840)
대법원 1995. 7. 25. 선고 95다14664, 14671 판결(공1995하, 2951)

[1] 대법원 1993. 11. 23. 선고 92다38980 판결(공1994상, 162)

대법원 1995. 3. 28. 선고 94다50526 판결(공1995상, 1747)

[2] 대법원 1994. 9. 30. 선고 94다20389, 20396 판결(공1994하, 2854)

[3] 대법원 1981. 11. 24. 선고 80다320, 321 판결(공1982, 62)

【전문】

【원고,피상고인】 신재수

【피고,상고인】 조숙자 (소송대리인 변호사 김형기)

【원심판결】 서울고법 1997. 12. 26. 선고 97나15953 판결

【주문】

상고를 기각한다. 상고비용은 피고의 부담으로 한다.

【이유】

상고이유를 판단한다.

1. 기록과 관계 증거에 의하여 살펴보면, 원고가 피고에게 차임으로 지급한 금 4,000,000원 중 금 2,000,000원은 전 임차인인 소외 이용호가 연체한 차임채무를 원고가 인수하여 지급한 것이라는 피고의 주장을 배척한 원심의 조치는 수긍이 가고, 거기에 지적하는 바와 같은 채증법칙 위반의 위법이 있다고 할 수 없다.

2. 법률상의 원인 없이 이득하였음을 이유로 한 부당이득의 반환에 있어 이득이라 함
   은 실질적인 이익을 의미하므로, 임차인이 임대차계약관계가 소멸된 이후에도 임차
   목적물을 계속 점유하기는 하였으나 이를 본래의 임대차계약상의 목적에 따라 사
   용·수익하지 아니하여 실질적인 이득을 얻은 바 없는 경우에는 그로 인하여 임대인
   에게 손해가 발생하였다 하더라도 임차인의 부당이득반환의무는 성립되지 아니하
   는 것이며(대법원 1992. 5. 12. 선고 91다35823 판결, 1995. 7. 25. 선고 95다14664, 14671 판결
   참조), 임대차계약의 종료에 의하여 발생된 임차인의 목적물반환의무와 임대인의 연
   체차임을 공제한 나머지 보증금의 반환의무는 동시이행의 관계에 있으므로, 임대차
   계약 종료 후에도 임차인이 동시이행의 항변권을 행사하여 임차건물을 계속 점유하
   여 온 것이라면, 임대인이 임차인에게 위 보증금반환의무를 이행하였다거나 그 현실
   적인 이행의 제공을 하여 임차인의 건물명도의무가 지체에 빠지는 등의 사유로 동
   시이행의 항변권을 상실하게 되었다는 점에 관하여 임대인의 주장·입증이 없는 이
   상, 임차인의 위 건물에 대한 점유는 불법점유라고 할 수 없으며, 따라서 임차인으
   로서는 이에 대한 손해배상의무도 없다고 할 것이다(대법원 1990. 12. 21. 선고 90다카
   24076 판결, 위 95다14664, 14671 판결 참조).

   이 사건에서 원심이 적법하게 확정한 바와 같이 원고는 임대차계약이 종료한 이후
   임차목적물에서 목욕탕영업을 하지 않았으며, 피고가 원고에게 보증금반환의무를
   이행하였거나 그 이행의 제공을 한 바 없다면, 원고의 임차목적물에 대한 점유는
   동시이행의 항변권에 기한 것으로서 원고로서는 부당이득반환의무나 손해배상의무
   를 지지 않는다고 할 것이고, 설사 지적하는 바와 같이 원고가 임차보증금 외에 임
   차목적물의 수리비 등의 지급을 아울러 요구하였다고 하여 원고의 점유가 불법점유
   가 된다고 볼 수도 없는 것이므로, 이와 같은 취지의 원심 판단은 정당하고, 거기에
   동시이행에 관한 법리오해 등의 위법이 있다고 할 수 없다.

3. 원심은, 이 사건 임대차계약서에 "임차인은 임대인의 승인하에 개축 또는 변조할 수
   있으나 계약대상물을 명도시에는 임차인이 일체 비용을 부담하여 원상복구하여야
   함."이라는 내용이 인쇄되어 있기는 하나, 한편 원·피고는 위 계약체결 당시에 특약

사항으로 "보수 및 시설은 임차인이 해야 하며 앞으로도 임대인은 해주지 않는다. 임차인은 설치한 모든 시설물에 대하여 임대인에게 시설비를 요구하지 않기로 한다." 등의 약정을 한 사실이 인정되므로, 원고는 시설비용이나 보수비용의 상환청구권을 포기하는 대신 원상복구의무도 부담하지 않기로 하는 합의가 원·피고 사이에 있었다고 보기에 충분하다고 하여, 원고로서는 위 계약서의 조항에 의한 원상복구의무를 부담하지 않는다고 판단하였는바, 기록에 의하여 살펴보면 위와 같은 원심의 사실인정과 판단은 모두 수긍이 가고, 거기에 채증법칙 위반이나 원상회복의무에 관한 법리오해의 위법이 있다고 할 수 없다.

상고이유는 모두 받아들일 수 없다.

그러므로 상고를 기각하고, 상고비용은 패소자의 부담으로 하기로 하여 관여 법관의 일치된 의견으로 주문과 같이 판결한다.

18. 임대인의 임대차보증금 반환의무와 임차인의 임차권등기 말소 의무가 동시이행관계에 있는지

대법원 2005. 6. 9. 선고 2005다4529 판결

[구상금][공2005.7.15.(230),1120]

【판시사항】

임대인의 임대차보증금 반환의무와 임차인의 주택임대차보호법 제3조의3에 의한 임차권등기 말소의무가 동시이행관계에 있는지 여부(소극)

【판결요지】

주택임대차보호법 제3조의3 규정에 의한 임차권등기는 이미 임대차계약이 종료하였음에도 임대인이 그 보증금을 반환하지 않는 상태에서 경료되게 되므로, 이미 사실상 이행지체에 빠진 임대인의 임대차보증금의 반환의무와 그에 대응하는 임차인의 권리를 보전하기 위하여 새로이 경료하는 임차권등기에 대한 임차인의 말소의무를 동시이행관계에 있는 것으로 해석할 것은 아니고, 특히 위 임차권등기는 임차인으로 하여금 기왕의 대항력이나 우선변제권을 유지하도록 해 주는 담보적 기능만을 주목적으로 하는 점 등에 비추어 볼 때, 임대인의 임대차보증금의 반환의무가 임차인의 임차권등기 말소의무보다 먼저 이행되어야 할 의무이다.

【참조조문】

주택임대차보호법 제3조 제1항, 제3조의3, 제3조의5, 민법 제536조

【전문】

【원고,피상고인】 서울보증보험 주식회사 (소송대리인 변호사 최한신)

【피고,상고인】 문경자

【원심판결】 수원지법 2004. 12. 22. 선고 2004나2066 판결

【주문】

상고를 기각한다. 상고비용은 피고가 부담한다.

【이유】

주택임대차가 종료된 후 임대차보증금을 돌려받지 못하였지만 근무지의 변경 등으로 주거지를 옮기거나 주민등록을 전출해야 할 필요가 있는 임차인이 주택임대차보호법에서 정한 대항력 및 우선변제권을 잃지 않고 임차주택으로부터 자유롭게 이주하거나 주민등록을 전출할 수 있도록 할 필요가 있으므로, 이러한 필요에 부응하여 주택임대차보호법 제3조의3은, 임대차가 종료된 후 보증금을 반환받지 못한 임차인은 법원에 임차권등기명령을 신청할 수 있도록 하고, 임차권등기명령의 집행에 의한 임차권등기가 경료되면 임차인은 같은 법에 의한 대항력 및 우선변제권을 취득할 뿐만 아니라, 그 임차인이 임차권등기 이전에 이미 대항력 또는 우선변제권을 취득한 경우에는 그 대항력 또는 우선변제권은 그대로 유지되며, 임차권등기 이후에는 같은 법 제3조 제1항의 대항요건을 상실하더라도 이미 취득한 대항력 또는 우선변제권을 상실하지 아니하는 것으로 정하고 있다. 따라서 위 규정에 의한 임차권등기는 이미 임대차계약이 종료하였음에도 임대인이 그 보증금을 반환하지 않는 상태에서 경료되게 되므로, 이미 사실상 이행지체에 빠진 임대인의 임대차보증금의 반환의무와 그에 대응하는 임차인의 권리를 보전하기 위하여 새로이 경료하는 임차권등기에 대한 임차인의 말소의무를 동시이행관계에 있는 것으로 해석할 것은 아니고, 특히 위 임차권등기는 임차인으로

하여금 기왕의 대항력이나 우선변제권을 유지하도록 해 주는 담보적 기능만을 주목적으로 하는 점 등에 비추어 볼 때, 임대인의 임대차보증금의 반환의무가 임차인의 임차권등기 말소의무보다 먼저 이행되어야 할 의무라고 할 것이다.

원심판결 이유에 의하면, 원심은 채용 증거들에 의하여, 소외 김재동이 이 사건 건물을 보증금 2,800만 원에 임차하여 1994. 11. 16. 주민등록 전입신고를 한 사실, 김재동은 임대차계약이 종료한 후 주택임대차보호법 제3조의3에 따른 임차권등기신청을 하여 1999. 10. 13. 그 임차권등기가 경료되고 그즈음 이 사건 건물을 소유자에게 명도하면서 임대차보증금의 반환을 구한 사실, 원고는 김재동과 사이에 주택임대차신용보험계약을 체결하였다가 이 사건 주택의 소유자가 위와 같이 임대차보증금을 지급하지 아니하자 보험계약에 따라 위 2,800만 원을 김재동에게 지급한 사실, 이 사건 건물에 대한 임의경매가 진행되었는데 피고가 이를 낙찰받았고, 그 배당절차에서 김재동에게 3,535,264원만 배당된 사실 등 그 판시와 같은 사실을 인정한 다음, 주택임대차보호법 제3조 제2항이 정한 바에 따라 종전 임대인의 지위를 승계한 피고는, 이 사건 건물에 관하여 임차권등기를 경료하여 주택임대차보호법 제3조의3 제5항, 제3조의5 단서 규정에 의한 대항력을 유지하고 있는 임차인 김재동의 권리를 대위하여 취득한 원고에게 미지급 임대차보증금을 지급할 의무가 있다고 판단하고, 이 사건 건물의 임차권등기가 말소될 때까지는 임대차보증금을 지급할 수 없다는 피고의 동시이행의 항변에 대하여는, 임대인의 임대차보증금 반환의무는 위 임차권등기 말소의무와의 관계에서 선이행되어야 할 의무라 하여 그 주장을 배척한 다음, 나아가 그 판시와 같이 위에서 본 배당금과 피고가 이미 원고에게 임대차보증금 반환 명목으로 지급한 금액을 지연손해금 및 임대차보증금에 순차로 변제충당한 후 피고에 대하여 원고에게 변제되지 않은 보증금잔액을 지급할 것을 명하였는바, 앞에서 살펴본 법리와 기록에 비추어 살펴보면, 원심의 위와 같은 사실인정과 판단은 정당한 것으로 수긍이 가고, 거기에 상고이유에서 주장하는 바와 같이 임차권등기의 말소의무 등에 관한 법리를 오해하거나 사실을 오인하는 등의 위법이 있다고 할 수 없다.

그러므로 상고를 기각하고, 상고비용은 패소자가 부담하도록 하여 관여 법관의 일치된 의견으로 주문과 같이 판결한다.

19. 임대차종료로 인한 임차인의 원상회복의무에 임대인이 임대 당시의 부동산 용도에 맞게 다시 사용할 수 있도록 협력할 의무가 포함되는지 여부 및 임차건물 부분에서의 영업허가에 대한 폐업 신고절차 이행의무도 이에 포함되는지

대법원 2008.10.9. 선고 2008다34903 판결

[건물명도][공2008하,1538]

【판시사항】

임대차종료로 인한 임차인의 원상회복의무에 임대인이 임대 당시의 부동산 용도에 맞게 다시 사용할 수 있도록 협력할 의무가 포함되는지 여부(적극) 및 임차건물 부분에서의 영업허가에 대한 폐업신고절차 이행의무도 이에 포함되는지 여부(적극)

【판결요지】

임대차종료로 인한 임차인의 원상회복의무에는 임차인이 사용하고 있던 부동산의 점유를 임대인에게 이전하는 것은 물론 임대인이 임대 당시의 부동산 용도에 맞게 다시 사용할 수 있도록 협력할 의무도 포함한다. 따라서 임대인 또는 그 승낙을 받은 제3자가 임차건물 부분에서 다시 영업허가를 받는 데 방해가 되지 않도록 임차인은 임차건물 부분에서의 영업허가에 대하여 폐업신고절차를 이행할 의무가 있다.

【참조조문】

민법 제615조, 제654조

【전문】

【원고, 피상고인】원고 1외 2인 (소송대리인 변호사 황수현)

【피고, 상고인】피고 (소송대리인 법무법인 이우 담당변호사 이상경)

【원심판결】서울남부지법 2008. 4. 17. 선고 2007나7091 판결

【주문】

　원심판결 중 원고 1, 원고 3에게 각 14,166,666원, 원고 2에게 5,666,667원의 지급을 명한 부분을 파기하고, 이 부분 소를 각하한다. 나머지 상고를 기각한다. 소 각하 부분에 대한 소송총비용은 원고들이, 상고기각 부분에 대한 상고비용은 피고가 각 부담한다.

【이유】

　상고이유를 본다.

1. 지체상금의 지급을 구하는 소의 적법 여부에 관한 직권 판단

　조정은 당사자 사이에 합의된 사항을 조서에 기재함으로써 성립하고 조정조서는 재판상의 화해조서와 같이 확정판결과 동일한 효력이 있으며(대법원 2006. 6. 29. 선고 2005다32814, 32821 판결 참조), 이러한 조정조서에 인정되는 확정판결과 동일한 효력은 소송물인 권리관계의 존부에 관한 판단에 미친다고 할 것인데(대법원 1997. 1. 24. 선고 95다32273 판결 참조), 소송절차 진행중에 사건이 조정에 회부되어 조정이 성립한 경우 소송물 이외의 권리관계가 조정조항에 특정되거나 조정조서 중 청구의 표시 다음에 부가적으로 기재됨으로써 조정조서의 기재 내용에 의하여 소송물인 권리관계가 되었다면 특

별한 사정이 없는 한 그 권리관계에 대하여도 조정의 효력이 미친다고 할 것이다(대법원 2007. 4. 26. 선고 2006다78732 판결).

기록에 의하면, 원고들이 이 사건 소를 제기하기 전에 피고를 상대로 이 사건 건물의 4층 144.52㎡에 관한 2002. 3. 1.자 철거약정의 불이행으로 인한 임대차계약 해지를 이유로 서울남부지방법원에 건물명도 등의 소를 제기한 사실, 원고들과 피고는 위 사건의 항소심(서울중앙지방법원 2003나57054 사건) 계속중인 2004. 6. 15. '피고는 원고들에게 2005. 2. 28.까지 이 사건 건물 중 4층 144.52㎡를 철거하고, 피고가 위 기한까지 위 4층 부분을 철거하지 아니하는 경우 원고들에게 2005. 3. 1.부터 철거시까지 월 200만 원의 비율에 의한 지체상금을 지급한다(조정조항 제1항의 가, 나)'는 내용의 조정이 성립된 사실, 원고들은 피고를 상대로 이 사건 건물의 명도 등을 구하는 이 사건 소를 제기하면서, 피고가 2006년 8월경 이 사건 건물 중 4층 부분을 철거하였다는 이유로, 피고에 대하여 위 조정조항에 따라 2005. 3. 1.부터 2006. 7. 31.까지 17개월간 월 200만 원의 비율로 계산한 지체상금 34,000,000원의 지급도 구하고 있는 사실을 인정할 수 있다.

위 인정 사실에 의하면 이 사건 소 중 지체상금 34,000,000원의 지급을 구하고 있는 부분은 위 조정조서의 조정조항에서 판단된 권리관계와 같다고 할 것이어서 위 조정조서의 기판력에 저촉되므로 권리보호의 이익이 없어 허용될 수 없다고 할 것이다.

따라서 이 사건 소 중 위 지체상금의 지급을 구하는 부분은 부적법하고, 이 점은 직권조사사항이므로 당사자의 주장 여부에 관계없이 법원이 직권으로 판단하였어야 함에도 불구하고, 원심이 이를 간과한 채 본안판단에 들어가 원고들의 이 부분 청구를 인용한 것은 위법하여 파기를 면할 수 없다 할 것이고, 이 부분은 대법원이 민사소송법 제437조에 따라 자판하기에 충분하므로, 원심판결 중 지체상금 지급청구를 인용한 부분을 파기하고 이 부분에 관한 원고들의 소를 각하하기로 한다.

2. 영업허가 폐업신고 이행청구 부분에 대한 상고이유에 관한 판단

원심이 그 판시 증거에 의하여 그 판시와 같은 사실을 인정한 다음, 피고가 임대인인 원고들 또는 원고들의 승낙 아래 제3자가 임차건물 부분에서 다시 영업허가를 받는 데에 방해되지 않도록 원고들에게 그 판시 영업허가에 관하여 폐업신고절차를 이행할 의무가 있다고 판단하였다.

임대차종료로 인한 임차인의 원상회복의무는 임차인이 사용하고 있던 부동산의 점유를 임대인에게 이전하는 것은 물론 임대인이 임대 당시의 부동산 용도에 맞게 다시 사용할 수 있도록 협력할 의무도 포함한다고 할 것인바, 위와 같은 법리에 비추어 원심판결 이유를 살펴보면, 원심이 피고로 하여금 원고들에게 위 영업허가에 관하여 폐업신고절차를 이행할 것을 명한 판단은 정당한 것으로 수긍할 수 있다.

원심판결에는 상고이유의 주장과 같이 임대차계약의 종료로 인한 원상회복에 관한 법리를 오해한 위법이 없다.

3. 결론

그러므로 원심판결 중 지체상금 지급 청구에 관한 부분을 위와 같이 파기자판하여 이를 각하하고, 피고의 나머지 상고를 기각하며, 소각하 부분에 관한 소송총비용 및 상고 기각 부분에 관한 상고비용은 각 패소자의 부담으로 하기로 하여 관여 대법관의 일치된 의견으로 주문과 같이 판결한다.

20. 채무자가 채무초과 상태에서 채무자 소유의 유일한 주택에 대하여 주택임대차보호법 제8조의 소액보증금 최우선변제권 보호대상인 임차권을 설정해 준 행위가 사해행위취소의 대상이 되는지

대법원 2005. 5. 13. 선고 2003다50771 판결
[배당이의][공2005.6.15.(228),935]

【판시사항】

  [1] 채무자가 채무초과 상태에서 채무자 소유의 유일한 주택에 대하여 주택임대차보호법 제8조의 소액보증금 최우선변제권 보호대상인 임차권을 설정해 준 행위가 사해행위취소의 대상이 되는지 여부(적극)

  [2] 주택임대차보호법 제8조의 소액보증금 최우선변제권 보호대상인 임차권을 설정해 준 행위가 사해행위인 경우, 수익자인 임차권자의 선의의 판단 기준

【판결요지】

  [1] 주택임대차보호법 제8조의 소액보증금 최우선변제권은 임차목적 주택에 대하여 저당권에 의하여 담보된 채권, 조세 등에 우선하여 변제받을 수 있는 일종의 법정담보물권을 부여한 것이므로, 채무자가 채무초과상태에서 채무자 소유의 유일한 주택에 대하여 위 법조 소정의 임차권을 설정해 준 행위는 채무초과상태에서의 담보제공행위로서 채무자의 총재산의 감소를 초래하는 행위가 되는 것이고, 따라서 그 임차권설정행위는 사해행위취소의 대상이 된다고 할 것이다.

  [2] 주택임대차보호법 제8조의 소액보증금 최우선변제권 보호대상인 임차권을 설정

해 준 행위가 사해행위인 경우, 채무자의 악의는 추정되는 것이고, 수익자인 임차인의 악의 또한 추정된다고 할 것이나, 다만 위 법조 소정의 요건을 갖춘 임차인에 대하여 선행의 담보권자 등에 우선하여 소액보증금을 회수할 수 있도록 한 입법 취지에 비추어 보면, 위 법조 소정의 임차권을 취득하는 자는 자신의 보증금회수에 대하여 상당한 신뢰를 갖게 되고, 따라서 임대인의 채무초과상태 여부를 비롯하여 자신의 임대차계약이 사해행위가 되는지에 대하여 통상적인 거래행위 때보다는 주의를 덜 기울이게 될 것이므로, 수익자인 임차인의 선의를 판단함에 있어서는 실제로 보증금이 지급되었는지, 그 보증금의 액수는 적정한지, 등기부상 다수의 권리제한관계가 있어서 임대인의 채무초과상태를 의심할 만한 사정이 있었는데도 굳이 임대차계약을 체결할 사정이 있었는지, 임대인과 친인척관계 등 특별한 관계는 없는지 등을 종합적으로 고려하여 논리와 경험칙을 통하여 합리적으로 판단하여야 한다.

【참조조문】

[1] 민법 406조, 주택임대차보호법 제3조, 제8조[2] 민법 406조, 주택임대차보호법 제3조, 제8조

【참조판례】

[1] 대법원 2003. 9. 5. 선고 2001다66291 판결(공2003하, 2004)

[2] 대법원 2001. 4. 24. 선고 2000다41875 판결(공2001상, 1198)

【전문】

【원고,상고인】 기술신용보증기금 (소송대리인 변호사 정근)

【피고,피상고인】 유재은

【원심판결】 서울지법 2003. 9. 4. 선고 2003나18967 판결

【주문】

원심판결을 파기하고, 사건을 서울중앙지방법원 합의부에 환송한다.

【이유】

1. 인정되는 사실

원심이 제1심판결을 인용하여 적법하게 인정한 사실과 기록에 의하면, 원고는 1999. 5. 15. 소외 윤병태(이하 '채무자'라 한다) 등의 연대보증하에 소외 주식회사 마이미와의 사이에, 위 소외 회사가 금융기관으로부터 대출받는 금원에 대하여 판시와 같은 두 건의 원리금채무이행보증계약을 체결하였고, 1999. 10.경 서울남부지방법원 99카단29506호로 채무자에 대한 사전구상권의 일환으로 청구금액을 3억 1,000만 원으로 하여 채무자 소유의 이 사건 아파트에 대한 가압류신청을 하여 1999. 10. 12. 이 사건 아파트에 가압류등기가 등재된 사실, 그 후 원고는 채무자를 상대로 서울중앙지방법원 2000가합69038호로 구상금청구 소송을 제기하여 2001. 11. 22. "채무자는 원고에게 206,957,764원 및 그 중 155,565,434원에 대한 지연손해금을 지급하라."는 취지의 원고 승소판결을 선고받았고, 그 무렵 위 판결이 확정된 사실, 한편 이 사건 아파트에 관하여 1988. 12. 24. 근저당권자 한국주택은행, 채권최고액 720만 원의 근저당권설정등기, 1992. 4. 6. 근저당권자 한국주택은행, 채권최고액 720만 원의 근저당권설정등기, 1994. 9. 9. 근저당권자 한국주택은행, 채권최고액 2,540만 원의 근저당권설정등기, 1999. 3. 15. 근저당권자 주식회사 국민은행, 채권최고액 2,400만 원의 근저당권설정등기, 1999. 9. 28. 근저당권자 김광곤, 채권최고액 5천만 원의 근저당권설정등기, 1999. 10. 9. 청구금액 1억 4천만 원의 채권자 신용보증기금의 가압류등기, 2000. 10. 19. 국

가에 의한 체납처분으로서의 압류등기가 각 경료되어 있었던 사실, 위 한국주택은행은 2001. 9.경 위 각 근저당권에 기하여 이 사건 아파트에 관하여 임의경매신청을 하여 서울북부지방법원(이하 '경매법원'이라 한다) 2001타경19639호로 부동산임의경매절차가 진행되었는데, 그 배당절차에서 피고는 이 사건 아파트의 방 1개를 보증금 1,500만 원에 임차한 임차인으로서 주택임대차보호법 제8조에 의하여 1,200만 원의 최우선변제권이 있음을 전제로 배당요구를 하면서 채무자와의 사이에 체결된 2000. 11. 18.자 임대차계약서를 제출하였고, 경매법원은 2002. 10. 17. 실시된 배당기일에 배당금 105,627,623원을 배당함에 있어 피고를 소액임차인으로서 1순위로 하여 1,200만 원을, 한국주택은행을 2순위로 하여 30,071,497원을, 국민은행을 3순위로 하여 23,820,821원을, 종로세무서를 4순위로 하여 6,342,490원을, 원고를 가압류권자로서 5순위로 하여 23,003,939원을, 신용보증기금을 원고와 같은 5순위로 하여 10,388,876원을 배당하는 것으로 배당표를 작성한 사실을 인정할 수 있다.

2. 원심의 판단

원고가 위 인정 사실을 바탕으로, 피고는 가장임차인이고, 또한 채무자가 채무초과상태에서 그의 유일한 재산인 이 사건 아파트를 피고에게 임대한 것은 사해행위라고 주장하면서 피고에게 배당된 금원을 전부 삭제하고, 그 금원을 원고에게 배당하는 것으로 배당표를 경정하여야 한다고 주장함에 대하여, 원심은 1심판결을 인용하여, 피고가 이 사건 아파트에 관한 가장임차인이라는 사실을 인정할 증거가 없고, 나아가 채무자와 피고 사이에 체결된 이 사건 아파트에 관한 2000. 11. 18.자 임대차계약이 사해행위가 되기 위해서는 채무자의 재산처분행위에 의하여 그 재산이 감소되어 채권의 공동담보에 부족이 생기거나 이미 부족상태에 있는 공동담보가 한층 더 부족하게 되어야 할 것인바, 채무자가 피고에게 이 사건 아파트를 임차보증금 1,500만 원으로 정하여 임차한 것을 일컬어 채무자의 총재산에 감소를 초래한 행위로 보기는 어려울 뿐만 아니라, 또한 채무자 및 피고에게 원고 등 일반채권자들을 해한다는 사해의사로서 위 임대차계약을 체결하였다고 보기 어렵다는 이유로 원고의 주장을 배척하였다.

3. 대법원의 판단

주택임대차보호법 제8조의 소액보증금 최우선변제권은 임차목적 주택에 대하여 저당권에 의하여 담보된 채권, 조세 등에 우선하여 변제받을 수 있는 일종의 법정담보물권을 부여한 것이므로 (대법원 2003. 9. 5. 선고 2001다66291 판결 참조), 채무자가 채무초과상태에서 채무자 소유의 유일한 주택에 대하여 위 법조 소정의 임차권을 설정해 준 행위는 채무초과상태에서의 담보제공행위로서 채무자의 총재산의 감소를 초래하는 행위가 되는 것이고, 따라서 그 임차권설정행위는 사해행위취소의 대상이 된다고 할 것이다.

한편, 채무자의 악의는 추정되는 것이고, 수익자인 임차인의 악의 또한 추정된다고 할 것이나(대법원 2001. 4. 24. 선고 2000다41875 판결 등 참조), 다만 위 법조 소정의 요건을 갖춘 임차인에 대하여 선행의 담보권자 등에 우선하여 소액보증금을 회수할 수 있도록 한 입법 취지에 비추어 보면, 위 법조 소정의 임차권을 취득하는 자는 자신의 보증금회수에 대하여 상당한 신뢰를 갖게 되고, 따라서 임대인의 채무초과상태 여부를 비롯하여 자신의 임대차계약이 사해행위가 되는지에 대하여 통상적인 거래행위 때보다는 주의를 덜 기울이게 될 것이므로, 수익자인 임차인의 선의를 판단함에 있어서는 실제로 보증금이 지급되었는지, 그 보증금의 액수는 적정한지, 등기부상 다수의 권리제한관계가 있어서 임대인의 채무초과상태를 의심할 만한 사정이 있었는데도 굳이 임대차계약을 체결할 사정이 있었는지, 임대인과 친인척관계 등 특별한 관계는 없는지 등을 종합적으로 고려하여 논리와 경험칙을 통하여 합리적으로 판단하여야 할 것이다.

그런데 기록에 의하면, 이 사건 주택은 방이 두 개인데, 채무자는 그 처인 김명자, 1984년생인 딸 윤수진, 1987년생인 아들 윤동규와 함께 이 사건 아파트에 거주하고 있으며, 한편 피고는 1977년생의 여자인바, 그렇다면 채무자는 피고에게 방 하나를 임대해 주고 자신의 가족 4명이 방 하나를 사용하였다는 것이고, 또한 성년의 여자인 피고도 위와 같은 아파트에 1,500만 원이나 되는 보증금을 지급하고 임대차계약을 체결하였다는 것인데 이는 경험칙상 이례적인 것으로 보이는 점, 피고가 이 사건 임대차계약을 체결할 때 이미 이 사건 아파트에는 여러 건의 근저당권과 가압류등기 및 체납처분이 되어 있었으며, 피고도 이 사건 임대차계약을 체결할 때 여러 건의 근저당권이 설정되어 있다는 것을 알았으면서도 소액보증금의 보호 한도인 1,200만 원을 넘는 금원을 지급한 점, 피고는 자신의 보증금이 주택임대차보호법 제8조에 의하여 전액 보호되므로 다수의 근저당권에도 불구하고 임대차계약을 체결하였다고 주장하나, 이 사건 임대차계약 체결시인 2000. 11.에는 소액보증금의 보호범위가 3,000만 원 이하의 임차인 중 1,200만 원 한도였고, 2001. 9. 15.부터 비로소 4,000만 원 이하의 임차인 중 1,600만 원 한도까지 확대되었으므로, 이 사건 임대차계약서의 작성일자인 2000. 11. 18.에는 자신의 보증금 1,500만 원 전액이 보호될 것이라는 신뢰를 가질 근거가 없는 점, 피고는 자신이 2000. 12.에 점유를 취득하였다고 주장하였으나, 경매법원의 명을 받은 집행관이 2001. 9. 24. 이 사건 아파트의 현황을 조사할 때 채무자는 피고의 보증금이 1,200만 원이고 점유개시일자가 2000. 10.이라고 하여, 피고가 주장하는 임대차계약일로부터 불과 10개월이 지난 후인데도 피고가 점유를 개시한 때가 가을인지, 겨울인지, 보증금이 얼마인지 조차 정확히 진술하지 못한 점, 다른 한편 위 김광곤은 채무자의 처남(처인 김명자의 오빠)으로서, 위 김광곤 명의의 근저당권은 원고가 제기한 사해행위취소소송의 결과 사해행위로서 말소되었으며, 피고는 자신이 근무하던 직장의 사람을 통하여 이 사건 아파트를 소개받았다고 진술하여 마치 이 사건 임대차계약 전에는 채무자나 그 처인 김명자를 몰랐던 것처럼 주장하고 있으나, 피고는 채무자의 처와 친척관계가 있는 것으로 보이는 점 등 경험칙상 피고가 진정한 임차인인지에 대하여 의심의 여지가 있고, 이러한 사정하에서는 수익자인 피고의 악의에 대한 추정이 번복되었다고 보기 어렵다고 할 것이다.

결국, 원심의 판단에는 사해행위취소권의 법리를 오해한 위법이 있다고 할 것이므로, 이 점을 지적하는 상고이유의 주장은 정당하기에 이를 받아들인다.

4. 결론

그러므로 원심판결을 파기하고, 사건을 다시 심리·판단하게 하기 위하여 이를 원심법원에 환송하기로 하여 관여 대법관의 일치된 의견으로 주문과 같이 판결한다.

부동산인도 및 임대차 소송 실무